L'ARGENT ET LE POUVOIR

DE LA MÊME AUTRICE

Le Fantôme de Constantine, Safed, 2004.

Votre argent les intéresse : Comment banquiers et assureurs profitent de vous, Robert Laffont, 2006, avec Olivier Aubry.

Fallait-il sauver les banques ?, Larousse, 2009.

JANNICK ALIMI

L'ARGENT ET LE POUVOIR

Élysée-Bercy, les liens secrets

PLON
www.plon.fr

Ouvrage édité par Fabrice d'Almeida

92, avenue de France
75013 Paris
Tél. : 01 44 16 09 00
www.plon.fr / www.lisez.com

Dépôt légal : novembre 2025
ISBN : 978-2-259-32342-0
Mise en pages : PCA

Bercy, tremplin vers l'Élysée

Le pouvoir et l'économie semblent aujourd'hui former un couple indissociable, à l'image du sommet de l'État américain après la réélection de Donald Trump. Et chez nous ? Un couple Donald Trump-Elon Musk *made in France* serait-il possible ? L'importation dans le pays de Montesquieu et de Charles de Gaulle du mariage du président et du milliardaire avec entre leurs mains les rênes de la plus grande démocratie du monde relève de l'impensable. Et pourtant…

Certes, il est difficile de comparer le chef d'État français, Emmanuel Macron, haut fonctionnaire issu de l'Inspection des finances, mais passé, il est vrai, par les bureaux feutrés de la haute banque, au *businessman* Donald Trump, brutal, cynique et suprémaciste. Un président qui a, au moins, inspiré un coup d'État contre un successeur dont il n'a jamais reconnu la légitimité, qui, en quelques ordonnances, remet en cause l'État de droit dans son pays, vieux de plus de deux cents ans, et qui semble vouloir substituer à un ordre international né des décombres de la Seconde Guerre mondiale un « axe d'acier » Washington-Moscou.

Quant au pendant français d'Elon Musk, comment imaginer un de nos ministres de l'Économie et des Finances en clone bleu-blanc-rouge du titan multimilliardaire, fondateur de Tesla, SpaceX et propriétaire du réseau social X (ex-Twitter), dont la puissance technoscientifique, politique et médiatique a été démultipliée par sa proximité et sa connivence avec le 47e président américain ?

La France n'est pas l'Amérique. Ou pas encore ? « Bien sûr que la France se trumpise », lâche un banquier fin connaisseur des liens entre le monde politique et celui des affaires, pour qui cette tendance remonte au premier mandat de Trump. Et de souligner deux mouvements majeurs. « Tout en réclamant de meilleurs services publics, l'opinion française et une partie de la classe politique, même à gauche, ne parle plus que de l'inefficacité de la fonction publique, de la paresse supposée des fonctionnaires et des coupes budgétaires dont ils devraient faire les frais, au nom de l'impératif d'équilibre des finances de l'État. Certains parlent déjà de tronçonneuse en s'appropriant le mantra du président argentin, Javier Milei, et d'Elon Musk. »

Autre indice de l'américanisation de la politique française : les amitiés désormais assumées entre les présidents et certaines stars du CAC 40, comme celle de Nicolas Sarkozy et de Vincent Bolloré pendant la présidence du premier, ou celle, plus discrète, d'Emmanuel Macron et de Bernard Arnault. Enfin, l'utilisation des médias comme arme idéologique et rampe de lancement électorale de personnalités, notamment de droite et d'extrême droite, par des hommes d'affaires richissimes tel Vincent Bolloré, avec ses journaux, ses chaînes de télévision, ses radios et sa très influente agence de communication ou le plus secret Pierre-Édouard Stérin, dont le fonds d'investissement de plus d'un milliard d'euros est mis au service de sa vision du monde, catholique et traditionaliste. Des leviers médiatiques autrement plus belliqueux que ceux financés, il y a quelques années, par Pierre Bergé, mentor d'Yves Saint Laurent et patron de gauche, à la tête du mensuel *Globe* et actionnaire de *Courrier international* ou du *Monde*, mais aussi plus idéologiques que ceux détenus par la famille Dassault, propriétaire du *Figaro*, quotidien de droite, qui « s'entend » aussi bien avec des présidents socialistes qu'avec des chefs d'État issus de l'UMP ou de la sphère macroniste. Des milliardaires plus ouvertement doctrinaux que ne l'est Bernard Arnault, star du CAC 40 avant la crise chinoise et l'offensive protectionniste américaine, qui préside entre autres aux destinées du *Parisien*, le quotidien qui intéresse le groupe Bolloré, mais dont la défense des intérêts industriels et financiers l'emporte sur une ligne idéologique « pure et dure ».

Quelle que soit l'évolution géostratégique dans les mois et les années qui viennent, tous les futurs présidents, qu'ils soient de gauche, du centre, de droite ou d'extrême droite, devront faire avec l'émergence d'un acteur devenu incontournable dans la mécanique de la Ve République et dans le rapport de force au sein de l'exécutif : le ministre de l'Économie et des Finances. Même si le monde se nationalise à nouveau derrière des barrières protectionnistes et que l'économie poursuit sa dé-mondialisation, les grands argentiers comptent autant, voire plus, que le Premier ministre face à un président dont l'autorité institutionnelle sur le gouvernement ne va plus de soi, notamment depuis la dissolution du printemps 2024 et ses conséquences : une Assemblée éclatée, sans réelle majorité ; un pays qui retient son souffle et épargne plutôt qu'il investit.

Même s'il prend moins la lumière que le mythique tandem Élysée-Matignon, le duo Élysée-Bercy (ou Matignon-Bercy en cas de cohabitation, comme durant les périodes 1986-1988, 1993-1995 et 1997-2002), par son fonctionnement, par la personnalité des deux protagonistes et par le rapport de force que l'un et l'autre incarnent, est désormais l'un des moteurs cruciaux de la vie publique.

Depuis la mise en œuvre du quinquennat en 2002, il a même pris le pas sur le couple président-Premier ministre. Ce nouveau binôme moteur peut tourner rond (Nicolas Sarkozy-Christine Lagarde), s'emballer (François Hollande-Emmanuel Macron), se gripper (Emmanuel Macron-Bruno Le Maire), voire caler (François Hollande-Arnaud Montebourg), et le pays avec… « Ministre le plus puissant de la Ve », « super ministre », « ministre universel », à lire les gros titres de la presse, le ministre de l'Économie et des Finances n'est jamais un ministre ordinaire. Un retour sur le passé permet de comprendre pourquoi.

L'histoire a mal commencé entre l'Élysée et Bercy. Victime collatérale de l'ambition de François Mitterrand de rendre au Louvre sa dimension muséale et à la France son prestige culturel, le nouveau ministère de l'Économie et des Finances, en passe d'être déplacé dans le populaire XIIe arrondissement, dans l'est de la capitale, a failli ne jamais voir le jour. Quand il apprend le projet nourri par le président-sphinx, avec qui le Premier ministre Jacques Chirac allait devoir engager la première cohabitation de la Ve République, le sang, plutôt froid d'habitude, d'Édouard Balladur, ne fait qu'un tour. Pas question, en effet, pour le nouveau locataire des lieux, sourcilleux gardien des deniers publics, de quitter les vieux ors et la pourpre des tentures de l'ancien Palais-Royal pour le « paquebot » sans âme ni passé dessiné par Paul Chemetov et Borja Huidobro. Qu'importent les 4 milliards de francs déjà dépensés sur les 5 hectares que doit occuper le nouveau ministère sur les quais de Bercy ! Le grand argentier, dès sa nomination, en mars 1986, ne se gêne pas pour administrer un premier camouflet au président de la République, déjà fragilisé par la cohabitation : « Trop éloigné de l'Élysée et de Matignon ! » avait lancé Balladur. Le ministre investit aussitôt la fameuse aile Richelieu du Louvre, sans trop se soucier de l'inconfort de ses collaborateurs et des milliers de fonctionnaires, contraints de se serrer sur les 21 500 m^2 que leur offrait la République depuis 1871. Quant aux centaines d'œuvres d'art qui commençaient à orner les cimaises du musée, elles retournent à l'obscurité et à l'humidité des caves ancestrales. Ce premier bras de fer perdu par le président de la République, pour un temps seulement puisque trois ans plus tard, Pierre Bérégovoy remet définitivement à François Mitterrand les clés du Louvre pour s'installer à Bercy, n'est pas qu'une simple péripétie immobilière.

Le couple président de la République-ministre de l'Économie et des Finances est devenu l'un des fondements de la Ve République. « Il fait partie des trois ministres, avec le Premier ministre et le ministre des Affaires étrangères, que le président de la République voit toutes les semaines hors Conseil des ministres », souligne Michel Sapin qui, sous François Mitterrand puis sous François Hollande, a détenu plusieurs fois des responsabilités ministérielles à Bercy. C'est le locataire de Bercy qui lie et délie les cordons de la bourse, qui fait et défait les politiques économiques et financières déterminées au sommet de l'État et avalisées par la représentation nationale. Son administration, du Trésor à l'Inspection des finances, des Impôts à la gestion de la dette, est souvent considérée comme un État au sein de l'État.

« Un président de la République qui a été à la tête des Finances n'est pas un président comme les autres, estime un collaborateur d'un des hôtes de l'Élysée. Il laisse des traces au ministère et il pèse plus lourd au Palais. » Sur le plan politique, de Valéry Giscard d'Estaing à Emmanuel Macron, en passant par Alain Madelin ou Arnaud Montebourg, ils ont tous fait de la forteresse des Finances un bastion ou une tribune pour critiquer et fragiliser le président, que ce soit le général de Gaulle, Jacques Chirac ou François Hollande, jusqu'à en faire un tremplin destiné à assouvir des ambitions plus élevées.

Pour François Hollande, redevenu en juillet 2024 député de Corrèze, et qui reste, jusqu'à présent, le seul socialiste avec François Mitterrand à avoir accédé à la magistrature suprême, Jacques Delors et Pierre Bérégovoy, deux ministres de l'Économie, « ont incarné des lignes politiques fortes, le tournant de la rigueur pour le premier et la déréglementation pour le second », précise-t-il.

Pendant la première cohabitation (1986-1988), bien qu'il ait lui-même fait faire ses premiers pas ministériels à son ministre de l'Économie, Jacques Chirac n'est pas l'homme fort du gouvernement : c'est Édouard Balladur, qui mène avec brio la libéralisation de l'économie, et notamment les privatisations. « Plus Matignon est faible, plus Bercy est fort et *vice versa* », résume un ancien ministre des Finances.

Bruno Le Maire, ancien candidat défait à la primaire de la droite, nommé dès 2017 ministre de l'Économie et des Finances, détient le record de longévité de la Ve République à la tête de ce ministère : sept ans et quatre mois ! Un record enregistré malgré, ou en raison de, un bras de fer plus ou moins musclé selon les périodes mais permanent avec le chef de l'État. Et bien que le président n'ait nourri envers lui qu'une confiance limitée, il le propulse, une fois réélu en 2022, n°2 du gouvernement d'Élisabeth Borne, en élargissant, de surcroît, ses attributions, le renomme encore à l'arrivée de Gabriel Attal à Matignon. En octobre 2025, il tentera une nouvelle fois de le reprendre à son service aux Armées… Avant de rétropédaler face à la bronca des LR. Après la dissolution, le président affaibli arrive néanmoins à imposer à Bercy Antoine Armand et Laurent Saint-Martin, puis Éric Lombard et Roland Lescure aux Premiers ministres Michel Barnier, François Bayrou et Sébastien Lecornu, mais sans l'emporter sur la ligne économique et budgétaire. Il est même contraint de voir le gouvernement Barnier augmenter l'impôt sur les sociétés et celui de François Bayrou replacer la réforme des retraites sur le métier. Seule la menace d'une guerre en Europe a remis en selle et en scène le président.

Aux prises avec la place croissante de Bercy dans le jeu de pouvoir au sein de l'exécutif, le chef de l'État décide aussi de la qualification du portefeuille de ses grands argentiers, ministre d'État, ministre ou simple ministre délégué, et de leur rang protocolaire dans la hiérarchie gouvernementale.

Conscient de son rôle potentiel de tremplin politique, François Hollande a cru pouvoir neutraliser le détenteur de ce portefeuille en séparant le ministère des Finances, cœur nucléaire de Bercy, confié à des proches, de celui, plus conceptuel, de l'Économie, attribué à des personnalités moins « familières », comme Emmanuel Macron, ou hostiles, comme Arnaud Montebourg. Il a eu tort. Le brillant avocat, devenu depuis chef d'entreprise écolo, a su mettre cette tribune au service de son très médiatique *made in France*. Alors que l'ex-secrétaire général adjoint de l'Élysée en a fait la vitrine de son économie « ubérisée ». Les deux hommes y ont fait leurs gammes avant de se lancer dans la course à l'Élysée.

« Pour moi, c'était déjà un aboutissement, confie Éric Woerth, ministre du Budget de Nicolas Sarkozy entre 2007 et 2010. Je m'y suis consacré à plein, de l'immobilier de l'État à la restructuration des administrations, y compris celles qui ne dépendaient pas de moi, avec la RGPP [Révision générale des politiques publiques] jusqu'à la fraude fiscale et le fameux dossier de la banque britannique HSBC. C'est vrai, ajoute l'actuel député, qu'avec ce portefeuille vous accédez à une réelle visibilité. J'étais invisible, je ne faisais pas de coup politique, je n'ai pas créé mon propre parti, mais j'ai commencé à exister grâce à ma fonction ministérielle à Bercy. » « Bercy permet d'exister politiquement, renchérit Michel Sapin. On se doit d'aller au Parlement pour tout ce qui touche aux comptes publics, à ceux de l'État mais aussi à ceux de la Sécurité sociale. Entre septembre et décembre, lors du vote des lois de finances, on est continuellement à l'Assemblée nationale ou au Sénat. » Il est rare, en outre, que le ministre ne soit pas sollicité lors des questions au gouvernement (QAG), les mardis et les mercredis dans chacune des deux assemblées.

Plus que tout autre, y compris celui formé entre le président et son Premier ministre, le couple Élysée-Bercy est le miroir politique de la présidence. Car la qualité des relations entre le chef de l'État et son ministre est aussi un indicateur infaillible des forces… et des faiblesses du locataire de l'Élysée. « Dis-moi quel ministre de l'Économie et des Finances tu as, je te dirai quel président tu es ! » analyse Hervé Marseille, chef de file des sénateurs centristes. Déjà en 1661, la mise à mort politique du surintendant des Finances Nicolas Fouquet par le jeune Louis XIV n'a-t-elle pas annoncé la monarchie absolue ?

À la veille d'une nouvelle élection présidentielle, alors que les candidats concoctent leurs programmes et testent leur casting gouvernemental, le portefeuille de Bercy est désormais l'un des choix majeurs. C'est la personnalité de celui ou celle qui en héritera qui, avec celle du président, déterminera l'avenir du pays. L'élection de 2027 recèle-t-elle des Trump et des Musk en herbe ? Les plus tentés idéologiquement sont encartés au Rassemblement national (RN) ou chez Reconquête.

Pour autant, la France n'est pas les États-Unis, et pour au moins une raison, perverse pour les uns, vertueuse pour les autres : la force de résistance de notre administration, une des plus vieilles de toutes les démocraties, et notamment celle des Finances... Si le choix du locataire de Bercy est déterminant pour le chef d'État, il constitue un gage de crédibilité et de responsabilité au cas où Marine Le Pen, Jordan Bardella ou Éric Zemmour seraient propulsés à l'Élysée.

À l'heure où l'irruption du duo Trump-Musk aux États-Unis a fragilisé les démocratie libérales pendant plusieurs mois, Bercy représente plus que jamais, aux côtés de Matignon et de l'Élysée, une des trois têtes de notre République.

PARTIE I

Chapitre 1

Des présidents sous influence

Ce fut un 21 avril à l'envers. Alors qu'en 2002, Jean-Marie Le Pen se qualifiait au second tour de la présidentielle, le 31 mars 2025, sa fille Marine était mise hors-jeu de la future élection de 2027 par une décision de justice. Le tribunal correctionnel de Paris la condamnait pour détournement d'argent public (plus de 4 millions d'euros), dans l'affaire des assistants parlementaires européens. Elle écopait d'une peine de quatre ans de prison, dont deux ferme, et cinq d'inéligibilité avec exécution provisoire, c'est-à-dire immédiate.

Une sentence tombée comme un couperet sur la tête de la patronne des députés RN car cette dernière disposition anéantissait quasiment tout espoir à la candidate déjà déclarée dans une quatrième course à l'Élysée. Même en interjetant appel, celle dont tous les sondages prédisaient la certitude d'être présente au second tour était « KO debout ».

Mais il a suffi de quelques heures pour que la leader de son parti reparte à l'offensive, bouleversant sa ligne et sa stratégie de conquête du pouvoir depuis quinze ans. Celle qui cherchait à dédiaboliser le parti à la flamme s'est réapproprié toute la panoplie lexicale du Front national. D'abord au 20 heures de TFI, devant 8 millions de téléspectateurs, puis le lendemain matin, face à ses troupes, à l'Assemblée nationale, Marine est redevenue, politiquement, la fille de son père. « Dictature judiciaire », « décision politique pour m'empêcher de me présenter », « tyrannie des juges », « le système a sorti la bombe nucléaire »… Avec de tels propos, Marine Le Pen et le RN renouaient avec un passé qu'ils disaient vouloir dépasser, mais aussi avec des propos qui ne sont pas sans rappeler la communication du président américain Donald Trump.

Certes, ni Marine Le Pen ni Jordan Bardella n'ont appelé à l'assaut de l'Élysée. Les deux leaders RN se sont « contentés » de relayer une mobilisation pacifique, à coups de tracts et de pétitions sur les réseaux sociaux. Certes, aucun des deux n'a cautionné les menaces dont avait été victime la présidente du tribunal après le rendu du jugement. Pourtant, le meeting organisé le 6 avril près des Invalides a pris les allures d'un « Trocadéro bis » en référence au rassemblement pendant lequel, en mars 2017, François Fillon, le candidat LR mis en examen en pleine campagne présidentielle, avait stigmatisé sans réserve le pouvoir des juges. Une outrance dénoncée par certains de ses proches, pour qui cette radicalisation ne correspondait en rien à l'héritage d'une droite républicaine et gaulliste.

C'est un « trumpisme d'atmosphère » qui alourdit peu à peu le paysage politique français. Une bombe à plusieurs têtes, qui vise autant le système judiciaire que les médias, que Marine Le Pen et Jordan Bardella viennent de lancer. Une bombe à fragmentation, qui résonne dans tout l'espace politique. Des leaders de droite comme de gauche n'hésitent pas à leur emboîter le pas. « La France est-elle encore une démocratie ? » réagit Éric Ciotti, allié du RN depuis les législatives de juin et juillet 2024. Même accent populiste du côté de Laurent Wauquiez : « Il n'est pas sain que dans une démocratie, une élue se voie interdire de se présenter à une élection. Les débats politiques doivent être tranchés dans les urnes, par les Français. » Le peuple avant la loi et la justice…

À gauche, c'est auprès de Jean-Luc Mélenchon que la leader RN a trouvé un appui. « La décision de destituer un élu devrait revenir au peuple », a martelé le fondateur de La France Insoumise (LFI), lui aussi au cœur d'une enquête judiciaire sur le financement des collaborateurs des eurodéputés… En 2019 déjà, Jean-Luc Mélenchon éructait un mémorable : « La République, c'est moi ! » à la face des officiers de police judiciaire venus perquisitionner le siège de LFI.

La vague populiste lancée par le RN et ses alliés entraîne tout sur son passage. Même François Bayrou aurait été, selon son entourage, « troublé par l'énoncé du jugement ». Le 1er avril, lors des QAG, le Premier ministre a même appelé à une « réflexion » parlementaire sur les peines d'éligibilité avec exécution immédiate. Le patron du Modem avait lui aussi été inquiété par les juges sur une affaire similaire avant d'être relaxé.

Plus nuancé, le garde des Sceaux, Gérald Darmanin, a avoué « souhaiter personnellement » que le procès en appel de Marine Le Pen soit organisé dans le délai « le plus raisonnable possible ».

D'ailleurs, deux jours après la décision de première instance, la Cour d'appel de Paris a fait savoir qu'un procès et une décision pourraient avoir lieu à l'été 2026, soit beaucoup plus rapidement que d'habitude. Ce qui ouvrirait à Marine Le Pen la voie d'une candidature à l'élection présidentielle. « Bonne nouvelle ! » s'est immédiatement réjouie la députée. « L'institution judiciaire adapte les délais en fonction d'un certain nombre d'enjeux », s'empressait de justifier Christophe Soulard, premier président du Conseil supérieur de la magistrature. Tandis que Michel Sapin, ancien ministre de l'Économie et des Finances de François Hollande et « père » de la loi à l'origine de la condamnation de Marine Le Pen, qualifiait la position de la Cour d'appel de « mesure de bonne administration de la justice dans le contexte actuel ».

Dernière preuve de la « trumpisation » de Marine Le Pen et de ses soutiens : l'intervention de Donald Trump en personne dans le débat national, pour qui l'inéligibilité de la fondatrice du RN était une « affaire très importante ». « Cela fait penser à notre pays, cela ressemble beaucoup à notre pays », a déclaré Trump, premier chef d'État américain à avoir été élu alors que la justice l'avait condamné. Plusieurs autres leaders nationalistes sont venus à la rescousse de Marine Le Pen. Le Kremlin dénonçait ainsi une « violation des normes démocratiques », tandis que Viktor Orbán, le Premier ministre hongrois, osait un « Je suis Marine » sur les réseaux sociaux.

La tentation des ordonnances

Cette vague populiste et trumpiste a-t-elle frappé les rivages macronistes ? « Elle les a touchés mais elle s'y est écrasée, insiste un élu du parti présidentiel. Le but premier et ultime d'Emmanuel Macron a toujours été, et encore plus à la fin de son second mandat, de ne pas laisser les clés de l'Élysée au RN. » Emmanuel Macron, d'autant plus depuis la réélection de Donald Trump, n'a de cesse de dénoncer « l'agenda désinhibé » du chef d'État américain. Pour le président français, Trump est loin d'être un modèle. Sur le fond aussi, l'ossature politique du président français, la défense d'une Europe et d'une démocratie libérales, est à l'exact opposé des régimes illibéraux à la Viktor Orbán. Non, Macron n'a *a priori* rien à voir avec Trump.

Et pourtant ! Ses méthodes de gouvernement et son comportement s'inspirent parfois de l'abécédaire trumpiste. Ainsi, ce vendredi 22 septembre 2017, face caméra, en direct de l'Élysée, le tout nouveau président de la République signe un texte donnant vie à l'une de ses principales promesses de campagne, la réforme du marché du travail. « Jamais une réforme d'une telle ampleur n'avait vu le jour depuis la Ve République », assure-t-il, martial. Emmanuel Macron est assis derrière son bureau présidentiel, flanqué à sa droite de Muriel Pénicaud, sa ministre du Travail, et à sa gauche, de Christophe Castaner, son porte-parole… muets pendant toute la séquence.

Sur le fond, cette réforme est destinée à rendre plus flexibles les règles d'embauche et de licenciement et donc, espère l'exécutif, à redynamiser l'activité du pays pour réduire le chômage. Certaines des mesures prévues dans ce texte, comme la limitation à un an du recours aux prud'hommes ou le plafonnement des indemnités de licenciement, sont applicables immédiatement. Mais il est aussi symbolique d'un pouvoir concentré, « jupitérien », dont la main ne tremble pas, déterminé. Cela est vrai même si l'opinion publique s'en offusque, s'y oppose, se mobilise, comme c'est le cas en cette rentrée où, pendant plusieurs jours, des milliers de syndicalistes, de sympathisants de LFI, de routiers et même de retraités défilent dans les rues de Paris et de province.

La nature juridique du véhicule choisi par le chef de l'État – des ordonnances – pour mettre sa réforme en œuvre n'est pas anodine. Ce n'est ni un projet de loi, qui doit recueillir l'approbation du Parlement, ni une proposition de loi parlementaire. Emmanuel Macron choisit l'ordonnance, qui permet au gouvernement, selon l'article 38 de la Constitution, de prendre des mesures relevant normalement de la loi. Le geste relève plus d'un régime à l'américaine que d'un système parlementaire.

Donald Trump n'a-t-il pas lancé son mandat en signant lui aussi une série d'ordonnances, dans une mise en scène télévisée millimétrée ? Donald Trump, huit ans plus tard, réitère l'exercice en signant 26 ordonnances, au détriment des accords internationaux, allant jusqu'à remettre en cause le droit du sol et l'État de droit… « L'une des caractéristiques les plus saillantes du trumpisme reste sa propension à décider vite, de manière réglementaire, sans passer par les débats du Congrès et le vote des lois. La recherche de l'efficacité propre au monde des affaires est incarnée de manière presque caricaturale dans le style autoritaire comme dans la volonté de court-circuiter les institutions représentatives[1] », souligne Luc Rouban, directeur de recherche au CNRS. « C'est la mise en scène médiatisée d'une toute-puissance politique face à une prétendue impuissance des démocraties parlementaires européennes, analyse un spécialiste de la communication politique. Un décret, une signature et tout peut changer, y compris des règles fondamentales. Donald Trump, qu'on le loue, qu'on s'en méfie ou qu'on le déteste, c'est malgré tout la parole performatrice face aux débats byzantins ou aux promesses désavouées des démocraties molles. »

Pour Emmanuel Macron aussi, le « mal français » découle en grande partie du « manque de résultats » de l'action publique. D'où les ordonnances. « Son premier quinquennat a commencé sous le signe de la toute-puissance de l'Élysée avec les ordonnances Travail, analyse un membre du Medef. La méthode était verticale et fondée sur une réelle expertise, avec, dans l'entourage du président et de ses ministres, des personnalités rompues aux relations sociales comme Pierre-André Imbert ou Antoine Foucher. » Un constat partagé par les syndicalistes. « Les ordonnances, c'est la conjonction de la légitimité électorale d'Emmanuel Macron et d'une bonne connaissance des sujets par tous les interlocuteurs sur un thème où il n'y avait pas besoin de faire beaucoup d'interministériel », remarque un responsable de la CFDT.

Ainsi la politique économique du premier quinquennat Macron a-t-elle été conçue sans le ministre de l'Économie ou presque. Sa conception remontait à l'époque où le ministre était Macron lui-même, avant la nomination de Bruno Le Maire. Ce retournement complet favorisait une politique de l'offre mise en place par ordonnances, avalisée ensuite par une large majorité au Parlement. L'Élysée plaçait Bercy sous sa bulle.

À ce moment, Emmanuel Macron est à la hauteur de sa réputation. Celle d'un président « pantocrator », qui décide, tranche, et à qui rien ne résiste. Pas même les puissantes centrales syndicales, cogérantes de fait avec la direction et le gouvernement, de la SNCF et qui, en juin 2018, se sont vues imposer un nouveau « pacte ferroviaire », qui était en fait la remise en cause d'un statut vieux d'un demi-siècle. Une réforme elle aussi comprise dans le programme du candidat Macron.

Signe des temps, le locataire de l'Élysée crée la marque « Présidence de la République », avec des produits dérivés en série, comme si l'Élysée devait être omniprésent, de la montre poignet au parapluie, des chocolats d'Alain Ducasse aux timbres-poste. Bientôt, un magasin et un salon de thé seront à la disposition des consommateurs…

Finalement, le président français utilisera peu les ordonnances, préférant laisser à ses Premiers ministres la responsabilité d'un usage immodéré de l'article 49.3. Mais l'arrogance trumpiste semble avoir traversé l'Atlantique et inspiré l'hôte de l'Élysée. Un problème avec son garde du corps Alexandre Benalla ? « Qu'ils viennent me chercher », fanfaronne le chef de l'État en juillet 2018 devant sa majorité, alors qu'il se sait constitutionnellement « irresponsable » devant le Parlement.

Trump : les ultra-riches contre l'État

Ce geste trumpiste se renforce, à l'occasion du second mandat, avec un phénomène nouveau : l'irruption du milliardaire Elon Musk aux côtés du n°1 de l'exécutif américain. « Le trumpisme n'est pas un populisme, mais un tournant oligarchique, car ce pouvoir est soutenu par les nouvelles élites de la tech, sous la houlette d'Elon Musk et d'autres patrons de la Silicon Valley, et il est devenu bien plus le signe d'un capitalisme conquérant que d'un repli national porté par des miséreux », estime Luc Rouban.

De fait, en 2022, Elon Musk a changé de dimension. Celui qui n'était « que » le patron de Tesla et le fondateur de SpaceX rachète Twitter (rebaptisé X), licencie la moitié du personnel et transforme le réseau en plateforme politique, en amplificateur idéologique en soutien à Donald Trump. Le milliardaire se sert de sa puissance pour instaurer une oligarchie à l'américaine. À la tête d'une fortune évaluée à 300 milliards de dollars, Musk est devenu le symbole de cette culture de l'entreprise face à une puissance publique perçue comme défaillante. Mais il ne se contente pas de financer un candidat. Il fait campagne comme s'il était le n°2 d'un ticket présidentiel en route pour la Maison-Blanche, portant haut, fort et loin des idées anti-régulation dangereuses pour l'efficience de ses plateformes et soutenant ses ambitions pour l'exploration spatiale et l'intelligence artificielle. Après la victoire de Trump, Musk et le vice-président officiel, J.D. Vance, se partagent les territoires : à J.D. Vance, l'Amérique, à Musk, le reste de l'univers et la conquête de Mars. Sans oublier le soutien aux partis d'extrême droite qui prospèrent dans la vieille Europe. « La gauche radicale abuse du système judiciaire », s'exclame le milliardaire sur son réseau X lors de la condamnation en première instance de Marine Le Pen.

Nommé « haut conseiller auprès du président », Musk s'est donné pour mission d'alléger le poids et la puissance de l'État fédéral. Se réappropriant la « tronçonneuse » du clone argentin de Trump, Javier Milei, son département de l'efficacité gouvernementale (Doge) décapite des agences, ferme des bureaux, licencie des milliers de fonctionnaires… La force brute contre la loi, les normes, les statuts.

« Jamais dans l'histoire des États-Unis un entrepreneur non élu n'a eu autant de pouvoir politique qu'Elon Musk », explique Jean-Claude Beaujour, avocat, docteur en droit et spécialiste des États-Unis. Ce rapprochement entre deux puissances flirte avec la confusion des genres et fait fi des conflits d'intérêts potentiels. Comment, après avoir bénéficié de plus d'un milliard de dollars de la part de ses donateurs, le candidat républicain Donald Trump pourrait-il s'engager, une fois installé dans le Bureau ovale, à conserver une totale indépendance vis-à-vis des chefs d'entreprises et des lobbies ? « La présidentielle 2024 fait un pas supplémentaire, ajoute l'avocat international. À l'occasion de cette campagne, l'avenir des États-Unis semble de plus en plus dicté non pas par les électeurs mais par l'implication d'une poignée d'ultra-riches, Musk et Bezos en tête. Les forces qui redéfinissent le paysage politique américain s'apparentent à celles d'une oligarchie, où le pouvoir est concentré entre les mains de quelques-uns plutôt qu'entre celles du peuple. »

Le ralliement au duo Trump-Musk d'une grande partie de la Silicon Valley, du gotha des affaires et des milliardaires de Wall Street renforce l'emprise des milieux d'affaires sur le pouvoir politique. Au sein des secrétaires d'État qui entourent Trump, ils sont nombreux à s'appuyer sur une longue et profitable carrière de *businessmen*. Avant d'assurer des fonds pour la campagne de Trump puis d'intégrer son équipe comme secrétaire au Commerce, le milliardaire Howard Lutnick était PDG de Cantor Fitzgerald, une banque d'investissement new-yorkaise. Le nouveau secrétaire au Trésor, Scott Bessent, a travaillé pour le financier George Soros avant de devenir gestionnaire de fonds spéculatifs. Quant à Steve Witkoff, nommé envoyé spécial dans le Moyen-Orient, il était, comme le président, investisseur immobilier.

Un patron au sommet de l'État en 2027 ?

La France n'est pas l'Amérique. Mais l'économie et la politique l'en rapprochent lentement. Trop lentement pour certains, qui ne cachent plus leur sympathie pour la nouvelle révolution américaine. « Après "l'intendance suivra" du Général de Gaulle, du Plan, avec un Premier ministre fort et un Parlement qui avait son mot à dire, on est passé à une économie plus libérale, déréglementée et mondialisée dont les privatisations de 1986 et de 1997 ont été les emblèmes, estime Jean-Claude Beaujour. La social-démocratie de l'après-guerre est parvenue à renforcer la démocratie, mais pas la dimension sociale. Par conséquent, les entreprises jouent un rôle croissant dans l'organisation de la vie de la cité. Ce n'est pas un hasard si on parle de responsabilité sociale des entreprises. Le mode entrepreneurial affiche sa réactivité et ses résultats, qui parlent au plus grand nombre, semblent recueillir l'adhésion des peuples, lassés par les déclarations ou les bonnes intentions. »

La méfiance traditionnelle des Français vis-à-vis des entreprises tend ainsi à s'éroder. « Il y a encore une vingtaine d'années, dans la France clivée des années 1970 et 1980, les entreprises étaient vues comme des "vampires suceurs de sang". Aujourd'hui, force est de reconnaître, avec l'affaiblissement de l'État, des services publics, des Églises, des partis politiques ou des syndicats, que la seule structure d'encadrement qui n'a pas perdu de pouvoir et dont la légitimité s'est accrue, ce sont les entreprises », analyse Alain Minc.

Selon le Baromètre de la confiance politique publié en mars 2025, les grandes entreprises privées inspirent la confiance à 48 % des « enquêtés » et les PME, à 77 %. « Ce degré de confiance est sans commune mesure avec celui dont jouissent les forces politiques qui apparaissent épuisées et incapables de délivrer des messages mobilisateurs, ou de faire émerger des têtes nouvelles, confirme Bruno Cautrès, chercheur au CNRS et au Cevipof (Centre d'étude de la vie politique française). La dissolution de juin 2024, l'éclatement des forces politiques à l'Assemblée qui s'est ensuivi et les difficultés à constituer un gouvernement stable capable de résoudre les problèmes économiques et budgétaires n'ont fait qu'accentuer cette défiance. »

Au point que des acteurs économiques ont été tentés d'intervenir hors de leur sphère de compétences et d'investir le champ politique. « L'absence de direction claire au sommet de l'État et l'immobilisme dû au manque de majorité ont fait que certains patrons se sont demandé s'ils n'allaient pas s'engager dans la vie politique », confie un représentant du Medef. Certains, comme Bernard Arnault de LVMH ou Florent Menegaux de Michelin, sont sortis de leur silence pour s'émouvoir des augmentations d'impôt inscrites dans le Budget 2025. Le nouveau patron de la Confédération des petites et moyennes entreprises (CPME), Amir Reza-Tofighi, rêve, lui, d'un « Elon Musk français » pour réduire la dépense publique. D'autres chefs d'entreprise, à l'image de Michel-Édouard Leclerc, pourraient aller plus loin et solliciter le suffrage des Français… À la rentrée 2025, les patrons, réunis au sein du Medef, avaient même prévu d'organiser un grand meeting à Paris pour contester les hausses d'impôt esquissées dans les projets de budget 2026. Une mobilisation inédite depuis l'arrivée de la gauche au pouvoir au début des années 1980 mais que l'organisation patronale a préféré reporter afin de contribuer à l'apaisement du pays. Certains pourtant n'ont pas hésité à s'engager politiquement, à l'image de Serge Papin, ex-patron de l'enseigne de distribution Système U et nommé ministre en charge des PME.

Les réseaux sociaux, comme X et LinkedIn, ont également bouleversé les méthodes de communication et accentué l'interventionnisme des chefs d'entreprise dans des débats dont ils étaient absents jusqu'à présent. La géostratégie et les conséquences de l'invasion de l'Ukraine par la Russie, l'écologie, la souveraineté, l'instabilité politique… Tout est matière à des prises de position outrepassant les limites de l'intérêt strict de l'entreprise, des salariés et des actionnaires. « Les patrons mènent désormais des batailles d'opinion, non plus avec une tribune que l'on met dans le journal mais par une prise de parole que l'on fait en public, avec une simplification du message et, certains diraient, plus de radicalité, de durcissement du propos », analyse Stéphane Fouks, un des dirigeants de Havas.

Un chef d'entreprise, fort de cette confiance accrue de l'opinion, pourrait-il accéder à la tête de l'État, comme Donald Trump, ou tout près du président, comme Elon Musk ? « L'opinion publique française évolue depuis quelques années, reconnaît Bruno Cautrès. Je ne sais pas si elle appelle de ses vœux l'émergence d'un tel couple (Trump/Musk) mais certains segments de l'opinion semblent favorables à une telle évolution. Si cela arrivait, ce serait un changement total de paradigme pour le pays. Une chose est sûre, c'est que des concepts historiquement et culturellement très négatifs en France, comme la notion de profit, ne provoquent plus autant de rejet. Les Français et une grande partie des forces politiques, même à gauche, s'y sont convertis. »

Conséquence : un duo politico-économique au sommet de l'État, à l'image de Trump/Musk, n'est plus un scénario absurde. « Plus d'un Français sur deux (55 %) estime que le vrai pouvoir se trouve du côté du secteur privé, si l'on additionne les marchés financiers, les grandes entreprises et les Gafam », analyse Luc Rouban.

Mais d'autres signaux doivent être également pris en considération. « Par exemple, précise Luc Rouban, la hausse importante depuis 2024 (+ 11 points) de la proportion d'enquêtés estimant qu'il faudrait réduire le nombre des fonctionnaires (53 %), niveau le plus élevé jamais enregistré depuis 2017. » Un record justifié par un fardeau fiscal hors norme. « Ces dernières années, ce sont surtout les classes moyennes qui ont supporté le poids des dépenses publiques avec son lot de taxes et d'impôts sans pour autant présenter un résultat corrélatif, confirme Jean-Claude Beaujour. Désormais, cette classe moyenne demande des comptes, au moins savoir à quoi sert son argent. » Efficacité des méthodes entrepreneuriales, confiance accrue dans l'entreprise… Les tabous français, ou les barrières instaurées entre le monde de la politique et les intérêts économiques, s'effritent.

L'onde de choc provoquée par le retour de Donald Trump à la Maison-Blanche ne se limite donc pas aux États-Unis et ne se réduit pas à un exercice brutal du pouvoir. Elle traverse l'Atlantique et ébranle toute l'Europe, interpelle les partis politiques. L'enquête menée par Luc Rouban montre que les électeurs en sympathie avec les idées de Donald Trump ont voté à 15 % pour les candidats de la « majorité » présidentielle, à 7 % pour les candidats LR ou UDI, à 42 % pour le RN. Cette vague trumpiste exerce « une fascination indéniable sur une grande partie de la droite et de l'extrême droite en France, ne serait-ce que par sa démonstration qu'une droite radicale et autoritaire peut prendre le pouvoir dans un pays considéré comme le fleuron des démocraties occidentales ».

La tronçonneuse :
nouvel horizon de la politique française ?

En France, le parti Reconquête ! et ses deux têtes d'affiche, Éric Zemmour et Sarah Knafo, sont les fers de lance de la vision du monde du binôme Trump-Musk. Les deux figures de l'extrême droite ainsi que l'eurodéputée Marion Maréchal ont été les seules personnalités politiques françaises à assister à la cérémonie d'investiture de Donald Trump. « Ce qu'il a dit dans son discours, c'est mon rêve que ça nous arrive un jour en France », se réjouissait sur CNews Sarah Knafo. C'est le mariage réussi entre « la classe moyenne et l'élite entrepreneuriale », applaudit, de son côté, Jordan Bardella. Certes, Marine Le Pen est aujourd'hui plus réservée face au nationalisme exacerbé du président américain. « Nous comprenons que cette administration souhaite défendre les intérêts des États-Unis […] et nous avons le respect du patriotisme exprimé par M. Trump », mais « cela ne veut pas dire qu'il faut s'aligner », avait mis en garde la présidente des députés RN, en marge du premier sommet Patriotes pour l'Europe qui s'est tenu en février 2025 en Espagne. Mais comme lors du congrès de son parti en 2018, le temps où elle accueillait avec fierté et effusion Steve Bannon, conseiller raciste et antisémite de Donald Trump, est-il bien terminé ?

Jordan Bardella, lui, est totalement désinhibé. Ce jeudi 20 février 2025, alors que tous les chefs de parti sont réunis à l'Élysée autour d'Emmanuel Macron pour évoquer le sort de l'Ukraine, l'eurodéputé préfère s'envoler pour Washington afin de participer à la CPAC (Conservative Political Action Conference), une grand-messe de soutien politique et idéologique des conservateurs à leur héros national, Donald Trump. Certes, Jordan Bardella refuse de monter à la tribune et de déclamer son discours, pourtant programmé depuis des semaines, après le geste, proche du salut fasciste, de Steve Bannon. Mais son scrupule n'est en rien un geste de défiance vis-à-vis du couple Trump-Musk. « La création d'un ministère de l'Efficacité gouvernementale sur la base du projet d'Elon Musk, m'apparaît comme une piste à étudier pour mesurer et améliorer le fonctionnement de l'État français », déclare Jordan Bardella, en février 2025, dans un entretien à *Valeurs actuelles*. « Le but de Bardella est de se positionner comme le partenaire privilégié du trumpisme pour ne pas laisser d'autres partis comme Reconquête ! récupérer ce courant de pensée », analyse Luc Rouban. Dans la pratique, le RN pourrait-il lui aussi chercher à créer un ministère de l'Efficacité ?

Le grand écart programmatique et fiscal réalisé par le RN concernant les « ultra-riches » illustre la trumpisation de la formation d'extrême droite. Fini les philippiques de Marine Le Pen appelant, lors de sa campagne présidentielle de 2017, à faire « barrage à la finance, à l'arrogance, à l'argent roi ». Désormais, Jordan Bardella loue Bernard Arnault, la star française de l'industrie du luxe, et sa croisade contre la taxation des super patrimoines et des super bénéfices contenus dans le Budget 2025 et dans les esquisses de la loi de finances 2026. C'est « quelqu'un qui prend des risques, entreprend, se lève parfois très, très tôt, bien avant ses salariés », lance sur BFM le président du RN…

L'autre ambassadeur autoproclamé du trumpisme en France, le député des Alpes-Maritimes Éric Ciotti, se dit, lui aussi, « fasciné » par l'Amérique de Donald Trump. Elle serait, à ses yeux, « un avion supersonique que rien ne peut arrêter » quand la France ressemblerait à « une vieille 4L sans GPS, sans climatisation, qui ne sait pas où elle va ». Dans un tweet enflammé, l'ancien patron des Républicains, rallié à Marine Le Pen, se rêve en « Trump français » : « La victoire de Donald Trump est une espérance pour la France, écrit-il. Face aux délires wokistes, à l'immigration de masse et aux conflits dans le monde, le peuple américain a su se lever. Avec l'union des droites, faisons preuve d'audace à notre tour. » En janvier 2025, lors du premier « Forum des libertés » organisé par son parti, l'UDR, à la Maison de l'Amérique latine, il a appelé de ses vœux une baisse des dépenses publiques censée rapporter 120 milliards par an et provoquer une « libération de la croissance » entre 3 et 4 % du PIB. Au menu : la suppression de 25 % des normes en vigueur, la fin du principe de précaution, de la loi SRU pour la création de logements sociaux ou de la ZAN (zéro artificialisation nette), de l'encadrement des loyers, du Conseil économique, social et environnemental (Cese), du Pass culture… À cela s'ajoute la suppression des régions et des départements, remplacés par des « provinces ».

Un retour à la terre, un regard tourné vers le passé et, à la clé, la résurrection d'une France qui serait agonisante. En juin 2024, c'est lui qui accompagne Jordan Bardella au « Grand Oral » organisé par le Medef à la veille des élections législatives, pour y développer un projet d'allégement fiscal et de coupes radicales dans les dépenses de fonctionnement des administrations…

Même volontarisme politique au sein des Républicains ? En janvier 2024, Laurent Wauquiez, président des députés LR, est sorti de ses gonds après la censure par le Conseil constitutionnel de plusieurs dispositions de la loi sur l'immigration. C'est « le coup d'État de droit », s'est alors emporté le président de la région Auvergne-Rhône-Alpes. Une façon de faire du trumpisme. Et une position largement partagée par Bruno Retailleau qui, dès son arrivée au ministère de l'Intérieur, affirmait que l'État de droit n'était ni « sacré » ni « intangible ».

De Tapie à Bolloré : les politiques sous le charme des *self-made men* français

En fait, « l'univers idéologique qui caractérise le trumpisme est bien présent en France », martèle Luc Rouban. Et l'irruption sur la scène politique des grands chefs d'entreprise en est l'illustration. « Souvenons-nous du phénomène Tapie », rappelle un leader socialiste. L'homme d'affaires a été nommé par François Mitterrand en 1992 ministre de la Ville. « Il a incarné le tournant sociolibéral du PS », décrypte, amer, un élu. L'homme d'affaires a hanté, sous Nicolas Sarkozy, les couloirs de l'Élysée et s'est invité à plusieurs reprises dans le bureau présidentiel pour tenter d'inverser la dynamique judiciaire qui, dans le dossier Adidas-Crédit lyonnais, allait le condamner à reverser près d'un demi-milliard d'euros au groupe bancaire. « Le rapprochement entre les présidents et les patrons est devenu flagrant sous Nicolas Sarkozy, estime un haut fonctionnaire de Bercy. Au point que chacun est en droit de se poser des questions sur le degré de connivence qui pouvait exister entre eux. »

Nicolas Sarkozy connaît bien les chefs d'entreprise puisqu'il a toujours vécu avec eux. D'abord, à Neuilly-sur-Seine, banlieue chic de l'Ouest parisien dont il fut maire pendant près de vingt ans entre 1983 et 2002. Puis villa Montmorency, une enclave haut de gamme du XVIe arrondissement de la capitale où l'ex-président de la République comptait parmi ses voisins des entrepreneurs puissants comme Vincent Bolloré, Xavier Niel, les Dassault ou les Taittinger. La soirée qu'il donne, le 6 mai 2007, au Fouquet's, hôtel de luxe du groupe Barrière sur les Champs-Élysées, quelques heures après son élection, est devenue l'événement totémique de son quinquennat. Bernard Arnault, président du groupe LVMH, y côtoie Martin Bouygues, parrain de Louis, le fils de Nicolas Sarkozy et de son ex-épouse Cécilia Attias ; Vincent Bolloré, qui propose ce soir-là au chef de l'État son yacht, *Le Paloma*, échange avec l'homme d'affaires belge Albert Frère et le Canadien Paul Desmarais chez qui le couple Sarkozy-Bruni passera de nombreuses vacances. D'ailleurs, une fois battu en 2012, Nicolas Sarkozy, lesté de plusieurs mises en examen et condamnations dans des affaires politico-financières, s'est installé dans les confortables fauteuils de plusieurs conseils d'administration de grands groupes comme Lagardère ou Accor.

Président « normal », et « anti-bling-bling », François Hollande, pour qui la finance est « l'ennemi sans visage », a eu peu de grands patrons dans son entourage. Quelques-uns ont récolté l'argent de sa campagne de 2011-2012, comme le fabiusien Serge Weinberg, à l'époque président de Sanofi. Toutefois, seul président de la République à avoir fait HEC, celui qui est redevenu en 2024 député de Corrèze, « n'a pas non plus une vision punitive du chef d'entreprise », insiste Michel Sapin, son ami de toujours, plusieurs fois ministre au sein de gouvernements socialistes.

Macron : l'ascension d'un financier

Pour Emmanuel Macron, fervent défenseur de l'offre et de la profitabilité des entreprises, censée ruisseler sur l'ensemble de la nation, quoi de plus normal que de cultiver des liens étroits avec ceux qu'il considère comme les vrais créateurs de richesses ? Pour lui, les valeurs de la start-up doivent pouvoir s'égrener sous forme de politiques publiques axées sur la flexibilité et les allégements des « charges » sociales et fiscales. Le chef d'entreprise est un héros de la République… Quoi d'étonnant à ce qu'en ce début de siècle, placé sous les auspices de la mondialisation et de la compétitivité, ce jeune inspecteur des finances, même socialiste comme il l'était dans sa jeunesse, soit pétri de valeurs utilitaristes ? Le futur président, en bon Rastignac amiénois, va, tout au long de sa carrière professionnelle et politique, s'atteler à constituer et à rentabiliser un carnet d'adresses pour gravir une à une les marches de la République.

Cornaqué par Alain Minc, Macron devient aussi le protégé du très influent Jean-Pierre Jouyet, alors « patron » de tous les inspecteurs des finances. Il endosse les habits de rapporteur général adjoint de la « Commission pour la libération de la croissance ». Parmi le vivier de personnalités influentes qu'il côtoie alors évoluent l'avocat Jean-Michel Darrois, l'un des conseils de Nicolas Sarkozy sur le dossier libyen, Serge Weinberg, à l'époque président du conseil d'administration d'Accor, et Xavier Fontanet, P.-D.G. d'Essilor International. Le trio le recommande auprès de David de Rothschild, président de la banque d'affaires. Le jeune banquier n'y réalise qu'un seul gros deal – entre Nestlé et Pfizer –, qui le rend néanmoins millionnaire. C'est Jacques Attali qui, en 2008, organise une rencontre au bar du Bristol entre Macron et le député Hollande. En 2011, le désormais candidat à la primaire socialiste pour la présidentielle obtient le précieux soutien du jeune Macron. Celui-ci a préféré s'enrôler dans les troupes de l'ancien premier secrétaire plutôt que suivre le drapeau du prometteur Dominique Strauss-Kahn. « Des mecs comme moi, il y en a plein chez DSK », a-t-il alors confié.

Stratège déjà, le jeune homme se met à la manœuvre. Il réunit dans son appartement du XVe arrondissement ou à la Rotonde, devenue depuis un « haut lieu » macronien, des personnalités de tous horizons comme Michel Rocard ou Henry Hermand, richissime homme d'affaires de centre-gauche décédé en 2016,

Jean-Marc Borello, patron du groupe SOS, un géant de l'économie sociale et solidaire, des intellectuels et notamment des économistes qui inspireront son programme, de Gilbert Cette à Philippe Aghion, sacré prix Nobel d'économie 2025, de Jean Pisani-Ferry à Daniel Cohen.

DSK bloqué dans sa course et Hollande élu, c'est François Rebsamen, ancien ministre et maire de Dijon, qui suggère au nouveau président de nommer Macron secrétaire général adjoint de l'Élysée. Cette suggestion est appuyée par plusieurs grands patrons, comme Gérard Mestrallet, Jean-Pierre Clamadieu ou Serge Weinberg. C'est alors, comme le relate Marc Endeweld, « qu'Emmanuel Macron met en place tout un environnement[2] ». Il y fait notamment la connaissance de Nicolas Berggruen, un milliardaire introduit par Alain Minc et qui réunit autour de lui des leaders économiques et politiques de pays occidentaux dans le cadre de cercles de réflexion. Dans les coulisses de l'Élysée, Macron représente la « principale porte d'entrée des milieux d'affaires et du CAC 40 ». Il est l'homme à courtiser pour faire passer des messages. Mais ça ne s'arrête pas là. Emmanuel Macron prépare activement sa propre ambition. Il multiplie des rencontres entre communicants et grands patrons à l'Élysée, dans le dos du président. « Les milieux d'affaires s'intéressent grandement à lui. Ces rencontres se déroulent souvent le week-end, à l'abri des regards. »

Les dîners de Bercy : le *business club* de Macron

Lorsqu'en juillet 2014, Macron quitte l'Élysée, déçu de ne pas avoir été nommé ministre dans le premier gouvernement Valls, il tombe dans les bras de Stéphane Le Foll, porte-parole du gouvernement et ministre de l'Agriculture. Quelques semaines plus tard, Jean-Pierre Jouyet, influent secrétaire général de l'Élysée, le pousse à Bercy pour remplacer Arnaud Montebourg. Le néophyte demande quelques recettes à Thierry Breton, ancien ministre de l'Économie et des Finances de Jacques Chirac, puis commissaire européen jusqu'en 2024. Les deux hommes se sont connus lorsque Macron était à la banque Rothschild et que Thierry Breton était patron du groupe de services numériques Atos : en 2011, le P.-D.G. l'avait choisi comme banquier pour le rachat des activités de Siemens. Dans le monde des affaires et de la politique, rien ne s'oublie…

Pendant deux ans, Emmanuel Macron s'échine à remplir et à exploiter des carnets d'adresses, des liens de reconnaissance réciproque qu'il tisse méticuleusement. Outre des soutiens politiques, des orphelins du PS au puissant patron du Modem, François Bayrou, il glane, durant ses déplacements sur le terrain, en France comme à l'étranger, le soutien de leaders économiques. En avril 2016, il se rend à Londres, au lancement du French Tech Hub, où il rencontre des start-upers, pivots d'un *crowdfunding* international, un système de collecte de fonds qui trouvera son utilité lors de la campagne pour la conquête de l'Élysée.

Dès novembre 2015, les Gracques se mettent à son service, en tant que ministre puis en tant que candidat. Créés lors de la campagne présidentielle de 2007, ce groupe d'intellectuels affiche pour but de rénover la gauche en « socio-libéralisant » le PS. On y trouve aussi bien Bernard Spitz (ancien conseiller de Michel Rocard et, en 2015, patron de la puissante Fédération des assurances), Gilles de Margerie (ex-rocardien et l'un des dirigeants du groupe de prévoyance Humanis), Emmanuelle Wargon (ex-directrice de cabinet de Martin Hirsch, le haut commissaire aux Solidarités sous François Fillon puis ministre du Logement de Jean Castex) que Philippe Crouzet, le patron de Vallourec et époux de Sylvie Hubac, directrice de cabinet de François Hollande…

Enfin, défilent à Bercy tous ceux qui comptent dans le monde intellectuel, religieux et même du showbiz. Ce réseautage commence à exaspérer dans l'entourage du président, du Premier ministre et de ses collègues au ministère. Le Tout-Paris accourt par l'entrée discrète située quai de Bercy. L'un des deux appartements occupés par le couple Macron, magnifique espace surplombant la Seine, avec parquet en chêne clair, moquette et baies vitrées, ne protège plus seulement les quelques heures de vie privée. « C'est dans ce cadre digne d'une revue d'architecture que matin, midi et soir, le couple a reçu beaucoup de monde pour préparer le décollage d'En marche ! » témoigne Christian Eckert qui, sous François Hollande, a été secrétaire d'État au budget puis repris le portefeuille de Macron à l'Économie. « Je peux simplement relever que la plupart d'entre eux rendaient visite au futur candidat, et non au ministre dans le cadre de ses fonctions[3]. »

« Emmanuel Macron a préparé sa candidature à la présidence depuis Bercy, certains disent même aux frais de Bercy », confirme le socialiste Boris Vallaud, successeur de Macron au secrétariat général de l'Élysée. Lorsqu'il prend sa suite à Bercy, en septembre 2016, Christian Eckert découvre que l'ensemble des crédits de l'année était consommé. Les frais de représentation, cette enveloppe attribuée au ministre et destinée aux invitations professionnelles, estimés à 120 000 euros, avaient été dépensés en huit mois. Emmanuel Macron, lui, affirme avoir utilisé « 80 % des crédits qui lui étaient alloués », et en toute légalité. « Le constat des chiffres peut laisser penser que les moyens de l'État ont servi les intérêts du futur président. Emmanuel Macron a utilisé les moyens de son ministère pour inviter des élus, multiplier les contacts, constituer des réseaux. » « Ce n'était pas conforme à ce qu'on pourrait attendre d'un ministre de l'Économie, tempère François Hollande. Ça pouvait être pour le meilleur, à savoir promouvoir notre politique, ou pour d'autres intentions. » La suite aidera à « déniaiser » l'ancien président.

Les fameux « dîners de Bercy » sont peu à peu apparus comme une véritable stratégie de conquête du pouvoir. Au détriment de ses plus proches, mais surtout du chef de l'État. « Jusqu'à l'été 2015, je me suis bien entendu avec Emmanuel Macron, lâche Michel Sapin. Après il a pris ses distances. J'ai voulu sensibiliser François Hollande mais il me répondait que j'avais tort et que j'étais jaloux. Il est clair qu'Emmanuel Macron a utilisé Bercy et visait les sommets. Il organisait dans trois salles à manger différentes de Bercy trois dîners dans la même soirée sur des sujets qui n'avaient rien à voir avec ses fonctions de ministre. » L'appartement privé du couple Macron mais aussi tous les espaces du 7e étage, salles de réunion ou de réception du ministère, sont mis à contribution. Brigitte et Emmanuel Macron peuvent ainsi prendre l'apéritif dans une salle, entamer un premier dîner dans une autre et poursuivre par un second dans leur appartement privé !

Une fois propulsé à l'Élysée, Emmanuel Macron continue d'entretenir des liens étroits avec le monde des affaires. L'influence du cabinet de conseil américain McKinsey sur la présidence est au cœur de trois enquêtes judiciaires. La proximité d'Emmanuel Macron avec le couple Layani nourrit également les soupçons. L'amitié entre le futur président et Stéphane Layani, de quinze ans son aîné, remonte au début des années 2000. Ils se rencontrent à l'Inspection des finances. Marie-Anne Barbat-Layani est énarque, haut fonctionnaire à la Direction générale du Trésor. Ce sont des « travailleurs de l'ombre », homme et femme d'influence (Marie-Anne a été directrice adjointe au cabinet de François Fillon à Matignon) et rompus aux méthodes de lobbies professionnels, comme le Comité économique des produits de santé (CEPS), pour Stéphane Layani, ou la Fédération française bancaire pour son épouse. En 2012, Stéphane Layani accède à la présidence de la Semmaris, la société qui administre Rungis, un poste de pouvoir permettant de contrôler l'alimentation de tout le pays. En 2019, Emmanuel Macron nomme Marie-Anne Barbat-Layani au poste stratégique de secrétaire générale de Bercy puis, en 2021, à celui de présidente de l'Autorité des marchés financiers, une façon pour Emmanuel Macron, selon certains, de garder un œil sur le monde financier. Même Bruno Le Maire, ministre de l'Économie et des Finances, s'inquiète d'un mélange des genres entre les anciennes fonctions de lobbyiste de Marie-Anne Barbat-Layani et son nouveau rôle : « La déontologie minimum exige évidemment que Mme Layani ne s'occupe pas des questions qui ont trait aux banques. »

Une amitié au sommet : le président de la République et l'homme le plus riche de France

Au-delà de ces connexions avec le monde économique, aussi stratégiques soient-elles, l'admiration mutuelle que semblent nourrir Emmanuel Macron et Bernard Arnault interpelle. Quoi de répréhensible, dira-t-on, à ce que le fondateur et président de la première capitalisation boursière du pays, fort de 90 milliards d'euros de ventes sur tous les continents et employeur de plus de 200 000 salariés, soit l'objet d'une attention particulière du président de la République ? Bernard Arnault, un des hommes les plus puissants du monde, à la tête d'un patrimoine personnel de près de 200 milliards d'euros, une fortune comparable au PIB du Koweït ou de l'Ukraine, chef d'industrie mais aussi patron de presse, avec, entre ses mains, le premier quotidien du monde économique, *Les Échos*, le plus grand journal populaire, *Le Parisien-Aujourd'hui* en France, Radio Classique et le magazine *Paris Match*, racheté à l'autre Citizen Kane français, Vincent Bolloré.

Ce mercredi 13 mars 2024, c'est Emmanuel Macron en personne qui, à l'Élysée, remet au patron de LVMH les insignes de grand-croix de la Légion d'honneur. À leur côté, la pop star Beyoncé et son époux, le rappeur Jay-Z, Elon Musk, déjà reçu comme « simple » fondateur de Tesla, la reine Rania de Jordanie, l'artiste Jeff Koons et Vincent Bolloré, mais aussi l'ex-président Nicolas Sarkozy et la maire socialiste de Paris Anne Hidalgo…

La place qu'occupe la star du luxe dans la politique française est inédite. Le 20 juin 2021 déjà, au lendemain de la défaite essuyée par sa majorité aux élections régionales, le chef de l'État avait trouvé le temps de venir inaugurer la Samaritaine, rachetée en 2001 par LVMH et en travaux depuis quinze ans, en saluant « le retour à la vie dans ce temple du shopping et de l'art de vivre à la française ». Accompagné de son épouse, toute de Louis Vuitton vêtue, le président a été ovationné par quelque 800 salariés du grand magasin des bords de Seine. « Aurait-on pu voir le général de Gaulle ou même Nicolas Sarkozy se déplacer pour couper le cordon d'une grande surface commerciale, même de luxe ? soupire un élu En Marche. François Hollande avait présidé l'inauguration de la fondation Louis Vuitton mais il s'agissait du rayonnement culturel de la France ! » L'inauguration d'une activité commerciale par un président est une chose rare. Seule occurrence, peut-être : Félix Faure, en 1897, à l'inauguration des grands magasins de Gobert, à Paris.

Trois ans plus tard, le 23 septembre 2024, cette sympathie réciproque s'affiche de nouveau. À la surprise générale, le chef de l'État s'invite, par le truchement d'une vidéo, aux quatre-vingts ans du quotidien *Le Parisien*. Son propriétaire, le groupe LVMH, fête l'événement au restaurant Langosteria, de l'hôtel Cheval Blanc, sur le toit de la Samaritaine. Devant une centaine de VIP interloqués, le président, debout et flanqué d'un drapeau tricolore, apparaît sur grand écran pour encenser le capitaine de l'industrie du luxe. Une nouvelle fois, le chef de l'État a bousculé son agenda pour honorer le milliardaire, à quelques heures de son départ pour l'Assemblée générale des Nations unies à New York…

Emmanuel Macron ne manque pas de superlatifs pour qualifier Bernard Arnault. Selon lui, le PDG de LVMH n'incarne rien de moins que « l'alliage unique de talent insensé, de pudeur extrême, de sensibilité infinie et de patriotisme ». Il est vrai que depuis l'élection du quadragénaire à la présidence de la République, Bernard Arnault est désormais un homme non seulement d'influence mais de pouvoir. Son bureau serait devenu un passage obligé pour tout jeune ambitieux. Gabriel Attal, Gérald Darmanin ou Sébastien Lecornu y auraient été reçus. Il y a peu, c'était encore dans les bureaux de Nicolas Sarkozy, rue de Miromesnil, que les hommes politiques, presque tous partis confondus, venaient recevoir conseils et adoubement. Changement d'époque, passage de témoin, d'un ancien président de la République à celui d'un fleuron du CAC 40…

Après la dissolution, le PDG de LVMH aurait insisté auprès d'Emmanuel Macron pour éviter à tout prix la nomination d'un Premier ministre de gauche lors de dîners estivaux sur la Côte d'Azur – Bernard Arnault possède une villa dans les prestigieux parcs de Saint-Tropez, non loin du fort de Brégançon... Le message est passé. Mais Bernard Arnault ne prêchait-il pas un converti ? La vision socio-libérale d'Emmanuel Macron, légitimée par l'élection, n'est-elle pas fondamentalement compatible avec les intérêts des grands groupes industriels et de services français ?

Bernard Arnault : le trait d'union entre Trump et Macron

Si, depuis sa réélection, Donald Trump a déclenché les hostilités en relevant les droits de douane et en se désengageant en plein conflit russo-ukrainien, Emmanuel Macron, de son côté, a pris la tête d'une Europe qui se veut souveraine vis-à-vis d'un allié de plus en plus aléatoire. Entre les deux, Bernard Arnault, lui, joue double jeu. Le 20 janvier 2025, jour de l'investiture de Trump, il assistait à la cérémonie avec sa famille, sous la coupole du Capitole, dans le carré d'or réservé aux personnalités politiques. Celui dont la fortune s'était pourtant érodée de plusieurs centaines de millions d'euros depuis les menaces de fermeture du marché américain agitées par Donald Trump était assis à quelques mètres du pupitre où le 47e président des États-Unis avait prêté serment. Deux rangs devant les anciens présidents Bill Clinton, George W. Bush et Barack Obama.

Pour Bernard Arnault, les États-Unis sont une terre d'exportation mais aussi d'implantation, comme en atteste cette usine Louis Vuitton, inaugurée en 2019 au Texas par Donald Trump. Les deux hommes se connaissent depuis une quarantaine d'années, quand ils étaient l'un et l'autre investisseurs immobiliers. Bernard Arnault, qui n'avait pas encore bâti son empire, a préféré quitter la France présidée par Mitterrand. Dès sa première victoire à la Maison-Blanche, Trump a reçu Arnault dans ses bureaux de la Trump Tower à New York. L'industriel français n'a jamais exprimé de choix idéologiques. Il est de droite, mais il n'a jamais soutenu explicitement la ligne de Donald Trump. En revanche, il sait s'en accommoder pour permettre au business de prospérer. En 2019, son OPA sur l'icône de la joaillerie de luxe américaine, Tiffany, n'a pas été bloquée par un Donald Trump pourtant élu sur un programme protecteur des intérêts américains. Autre largesse : après avoir décidé, à la même époque, une hausse des tarifs sur les vins européens en représailles à la préférence donnée par l'Europe à Airbus sur Boeing, Donald Trump a introduit une exception dans ce barrage tarifaire : les champagnes LVMH, Veuve-Clicquot et Moët & Chandon. Un privilège qui n'a pas été renouvelé une fois le retour de Trump au pouvoir en 2025.

Bernard Arnault a également rencontré Elon Musk. Après l'avoir invité en mars à la remise de sa grand-croix de la Légion d'honneur, le PDG de LVMH réitérait en juin, mais cette fois à VivaTech, le grand salon de la high-tech. Puis, il a reçu le géant américain avec sa mère, sur la terrasse du Cheval-Blanc, à Paris.

Malgré la fièvre protectionniste qui a saisi Donald Trump lors de son second mandat, Bernard Arnault reste un admirateur. De retour de Washington, après l'intronisation de Trump, il préfère prendre pour cible la France et ses gouvernants qui, dans un souci de retour à l'équilibre budgétaire, tentent de faire voter une hausse des impôts sur les sociétés et sur les patrimoines les plus élevés. « J'ai pu voir le vent d'optimisme qui régnait aux États-Unis, explique le patron de LVMH. Quand on revient en France, c'est un peu la douche froide. Aux États-Unis, on vous accueille à bras ouverts [...], les ateliers qu'on peut construire sont subventionnés. Quand on revient en France, on s'apprête à augmenter les impôts, c'est à peine croyable ! Pour refroidir les énergies, on fait difficilement mieux. Pour pousser à la délocalisation, c'est l'idéal ! [...] Il faudrait faire comme aux États-Unis et nommer quelqu'un pour slasher [*sic*] un peu la bureaucratie, mais dès qu'on essaie de faire ça, on est poursuivi, c'est impossible ! » Un hommage à Elon Musk, tout juste nommé par Trump pour appliquer un régime de choc à l'administration publique. Demi-victoire pour Arnault : les hausses d'impôt ont bel et bien été adoptées mais dans des proportions moindres que prévu et à titre provisoire...

Cette menace à peine déguisée de délocaliser ses entreprises de l'autre côté de l'Atlantique, ce quasi chantage à l'emploi, a fait sortir Emmanuel Macron de ses gonds. « Soyez patriotes vous-mêmes », a lancé le chef de l'État à l'attention de tous les grands patrons qui, aux côtés de Bernard Arnault, se sont soulevés contre le matraquage fiscal, à l'instar de Guillaume Faury, le patron d'Airbus, de Patrick Pouyanné, le PDG de TotalEnergies, de Florent Menegaux, PDG de Michelin, et de Patrick Martin, le patron du Medef.

Jamais, aux États-Unis comme en Amérique latine, en Europe et en France, l'économie n'a pris un tel poids par rapport au politique. Jamais des présidents de la République et leurs ministres de l'Économie et des Finances ne se sont autant acharnés à faire maigrir un État accusé d'obésité en commençant par l'une de ses administrations les plus puissantes, celle des Finances…

Chapitre 2

Les politiques contre l'administration

Dès ses premiers jours à Bercy, en décembre 2024, Amélie de Montchalin a annoncé la couleur : pour la ministre chargée des Comptes publics, « l'impératif est de réduire le déficit et de sortir du surendettement ». La méthode sera inédite par son ampleur : permettre à l'État de faire le « plus grand effort de réduction de son coût de fonctionnement depuis vingt-cinq ans ! »

Réduction des dépenses des ministères, des dépenses des opérateurs, de la masse salariale… Au total, c'est une annulation de plusieurs dizaines de milliards d'euros sur la seule année 2025 dans le but de ramener le déficit public à 5,4 % du PIB et à 3 % à l'horizon 2029. Du jamais-vu, donc, depuis des décennies. Du brutal, cautionné par Éric Lombard, l'ancien ministre de l'Économie et des Finances, issu, pourtant, des rangs de la gauche et ancien patron de la Caisse des dépôts. « La réforme de l'État est obligatoire, cruciale, stratégique, martèle l'ex-porte-parole du gouvernement, Sophie Primas. Chaque ministre devra rendre une feuille de route sous un mois sur la simplification, la réorganisation des services pour rendre un service public de meilleure qualité en dépensant moins d'argent ». Elle annonce dans la foulée, au cas où certains ministres pécheraient par inertie, la mise en place d'une cellule de pilotage pour « mois après mois, vérifier si nous sommes dans la trajectoire des 5,4 % » de déficit pour 2025. On n'est jamais trop prudent !

Les cibles sont toujours les mêmes : les 438 opérateurs de l'État qui emploient plus de 400 000 personnes et reçoivent près de 80 milliards d'euros d'argent public chaque année. Ces organismes se voient reprocher leur coût trop élevé, leur mode de fonctionnement jugé opaque et leurs missions qui se superposent. Des critiques déjà formulées par la Cour des comptes ou le Sénat, sans résultat probant. Selon la très libérale fondation pour la recherche sur les administrations et les politiques publiques (Ifrap), fusionner certaines agences, rationaliser leurs dépenses et récupérer une partie de leur trésorerie, permettrait d'économiser jusqu'à 3 milliards d'euros en 2025.

Amélie de Montchalin se veut néanmoins rassurante auprès des syndicats de fonctionnaires, prompts à se mobiliser. « Ce que nous faisons, c'est un plan d'efficacité du fonctionnement. Nous n'avons pas décidé de supprimer des fonctionnaires comme on compte des bâtons. Un service public, c'est une politique publique que les Français payent avec leurs impôts et que nous devons rendre plus efficace. Nous n'avons pas sorti la tronçonneuse. »

« Tronçonneuse. » Un mot révulsif pour la plupart des leaders politiques français, à l'exception d'Éric Ciotti et de Sarah Knafo. Après l'Argentin Javier Milei, c'est Elon Musk, avec la bénédiction de Donald Trump, qui en fait un usage politique et idéologique dépassant le strict plan budgétaire. Il recrute même des hackers pour remplacer les fonctionnaires jugés peu productifs. Les agents de Musk n'hésitent pas à s'introduire, parfois illégalement, dans les systèmes informatiques, personnels, ou publics comme ceux du Trésor, de la Santé ou du programme de la lutte contre le changement climatique, et à s'emparer de données confidentielles afin d'y traquer les dépenses superflues.

En France, en guise de contrôleurs des deniers publics, ce sont plutôt des inspecteurs des finances, frais émoulus de l'ENA, des magistrats de la Cour des comptes rompus aux équilibres financiers ou des parlementaires aguerris aux subtilités de la comptabilité publique. Ces éminents serviteurs de l'État ne manient pas la tronçonneuse mais ils ont une obsession : faire maigrir les fonctions publiques, celle de l'État, celle des hôpitaux et celle des collectivités locales, en leur prescrivant des régimes drastiques.

Depuis que les déficits ont commencé à se creuser, que la mondialisation a mis à mal la compétitivité de notre économie, depuis que l'alternance politique a pris ses quartiers dans l'exercice du pouvoir, la chasse aux fonctionnaires « inutiles » est devenue un sport national. Si cet exercice n'a jamais eu la brutalité de la méthode Trump-Musk, il en partage l'obsession et la radicalité. À droite comme à gauche.

DSK et la conversion de la gauche au pragmatisme économique

En 1997, alors que Jacques Chirac et le socialiste Lionel Jospin cohabitent depuis quelques jours, les projecteurs se braquent sur le tout nouveau ministre de l'Économie et des Finances, le très populaire Dominique Strauss-Kahn. Celui-ci est une pièce centrale de la « gauche plurielle » qui occupe la majorité des fauteuils rouges de l'Assemblée nationale. Son sens de la synthèse est unanimement salué, même si l'ancien député est plus apprécié pour ses talents de débatteur d'idées que de bateleur d'estrade. Or, ce jeudi 5 juin, jour de l'entrée en fonction du nouveau ministre, l'heure n'est pas au prosélytisme, mais à l'esquisse d'un cap, à la définition d'un horizon plus clair. Très vite, celui qu'on appelle déjà DSK décline la politique économique qu'il a l'intention de mettre en œuvre. Car celui qui, quelques mois auparavant, a été l'un des inspirateurs du programme de Lionel Jospin, a décroché le gros lot. Outre les portefeuilles qu'il détient, l'Économie, les Finances et l'Industrie, l'agrégé a sous son autorité quatre secrétaires d'État. Un ministère plus tentaculaire que le légendaire Miti, le ministère japonais de l'Économie et de l'Industrie, à l'origine de la révolution industrielle de l'archipel.

Entré pour la première fois dans le gouvernement d'Édith Cresson en 1991, avec le maroquin de l'Industrie et du Commerce extérieur, celui que les camarades du parti appellent « Domi » incarne le tournant maastrichtien du parti socialiste et de ses deux « mamelles », rigueur budgétaire et politique monétaire stricte. Ancien socio-démocrate, DSK vire, sans aucun doute, au social-libéralisme. Le socialiste responsable prendra sous peu les habits du socio-traître…

Car si l'ancien maire de Sarcelles est une pièce maîtresse pour Lionel Jospin dans sa marche vers l'Élysée, le Bercy qu'il offre à son ministre va vite devenir la « citadelle DSK ». Le ministre se sert de Bercy comme d'un couteau suisse, un laboratoire d'idées et une terre d'expérimentations. De juin 1997 à novembre 1999, Strauss-Kahn ne cesse d'étonner, d'agacer et de multiplier les actions spectaculaires. Le professeur d'université polyglotte (il parle anglais, allemand, espagnol et italien), encouragé par les siens et par ses amis, s'invente un avenir. Et l'allégement au forceps des dépenses publiques fait partie de ses lignes politiques majeures.

Les « canards boiteux » du secteur public, qui ont empoisonné le gouvernement Juppé et coûté près de 200 milliards de francs au contribuable sous la forme d'aides répétées de l'État, Strauss-Kahn les traite avec méthode et efficacité. Crédit foncier de France, Crédit lyonnais, Société marseillaise de crédit, CIC, GAN, Thomson… Autant de groupes dont l'État est actionnaire majoritaire et que le ministre cède sans remous sociaux. Bien que socialiste convaincu, DSK cultive une vertu essentielle à ses yeux pour un ministre de l'Économie et un homme d'État : le pragmatisme. Il s'attache à moderniser l'outil Bercy avec un double objectif, rationaliser les méthodes de travail et surtout améliorer la qualité du « service » rendu à l'usager. De ces travaux de titan, il espère bien tirer un avantage politique à terme. Un nouveau directeur général des Impôts est nommé, Jean-Pascal Beaufret, ex-« trésorien » et ancien condisciple du ministre à HEC. Il travaille à simplifier la mission des agents des impôts grâce aux nouvelles technologies, et à épurer un environnement réglementaire fiscal qui, avec 150 taxes et impôts différents, mobilise une énergie administrative considérable.

Surtout, Strauss-Kahn n'hésite pas à s'attaquer à deux chantiers explosifs : les effectifs en surnombre dans les réseaux des Impôts et du Trésor public et la fusion du ministère de l'Industrie avec celui des Finances pour faire un grand « ministère de la Production ». Les énarques de l'Inspection générale des finances auront fini par avoir la peau des polytechniciens du corps des Mines ! Le ministre travaille aussi à décloisonner la vingtaine de directions trop habituées à fonctionner en « silo ». Le service de législation fiscale, par exemple, est rattaché à la Direction générale des impôts. Ceux qui collectent l'impôt et ceux qui rédigent les textes travailleront désormais de concert.

Magie d'un « en même temps » que d'autres, quelque vingt ans plus tard, voudront incarner, ces réformes « de droite » sont approuvées par les syndicats. « Même si nous ne ressentions pas la nécessité de fusionner les Finances et l'Industrie, nous appréciions de pouvoir discuter et négocier les réformes », expliquait alors Jacky Lesueur, secrétaire général de Force ouvrière (FO) Finances. Ce dialogue est facilité, il est vrai, par des contreparties, puisque des groupes de travail ont été consacrés à l'action sociale et à l'hygiène et la sécurité. « C'est astucieux de la part du ministre, parce qu'il donne l'impression que les choses progressent », constatait un syndicaliste.

Sarkozy, ou la droite contre les fonctionnaires

Quelques années plus tard, c'est Nicolas Sarkozy qui entre à Bercy. L'ancien balladurien de 1995 est revenu en odeur de sainteté auprès d'un Jacques Chirac réélu en 2002 mais fragilisé par le « 21 avril » et l'irruption spectaculaire et inédite de Jean-Marie Le Pen au second tour de la présidentielle. Nicolas Sarkozy, après un séjour de deux ans place Beauvau, se saisit de Bercy et de ses fonctionnaires avec détermination et gourmandise.

« Si j'étais secrétaire d'État aux choux farcis, je me passionnerais pour cela et vous entendriez beaucoup parler de choux farcis. » C'est en juin 2004, dans l'avion qui le ramène d'une visite officielle à Alger, que Nicolas Sarkozy, ministre d'État, locataire de Bercy depuis deux mois, use pour la première fois de la formule.

Le « chou farci », pour Nicolas Sarkozy, en ce printemps 2004, c'est le ministère de l'Économie et des Finances. Il vient de quitter à contrecœur la place Beauvau, le monstre sacré de la droite gaullienne et populaire. Le président Chirac lui en a intimé l'ordre. « Sous la Ve République, c'est le président qui nomme les ministres, pas ces derniers qui nomment le président ! Je n'avais d'autre choix que de m'incliner », explique Sarkozy aux journalistes lors de ce voyage retour dans l'ancien joyau des colonies françaises. Affaibli au lendemain d'élections régionales catastrophiques pour la droite, le chef de l'État sait trouver les mots pour convaincre son populaire ministre : « Je souhaite que tu quittes l'Intérieur, où tu as fait tout ce qu'il était possible de mettre en œuvre, pour prendre les Finances car j'ai besoin à Bercy d'un ministre politique. »

Sarkozy s'incline. Il n'obtient ni la réforme de l'État, ni l'Emploi et le Travail comme il l'aurait souhaité, mais il a négocié le titre de ministre d'État, le seul au sein du gouvernement. Ce titre, même honorifique, pourrait renforcer sa crédibilité dans la course à la présidentielle.

Entre mars et novembre 2004, les neuf mois pendant lesquels Sarkozy trône à Bercy, un face à face se met en place entre un président sur le départ et un ministre qui y pense en se rasant. D'un côté, Sarkozy fera de Bercy une arme de guerre lancée dans sa bataille de l'Élysée, de l'autre, Chirac multipliera les assauts pour l'en empêcher.

L'heure Napoléon n'a pas encore sonné mais le moment Bonaparte s'ouvre. Ordre, discipline et organisation. Sans tarder, le nouveau maître de Bercy s'attelle à l'organisation de son ministère et prend contact avec les directeurs des administrations centrales. Il établit des liens étroits avec Jean-Pierre Jouyet, le directeur du Trésor, qui lui traduit les entretiens quand ils se passent en anglais lors des grands-messes internationales. Jean-Pierre Jouyet a travaillé aux côtés de Lionel Jospin, mais la compétence l'emporte. Nos relations de directeur à ministre se révèlent excellentes [...], écrit Jouyet dans ses mémoires. Les échanges sont d'autant plus fluides que je me sens rapidement très à l'aise avec son cabinet. Peu de temps après, Sarkozy fait nommer Jouyet ambassadeur chargé des questions économiques internationales. Prudent, avisé et fin stratège, il le remplace à la direction du Trésor et nomme contre l'avis de Jacques Chirac Xavier Musca. Celui-ci, qui avait été chargé de mission au cabinet de Sarkozy à Bercy, sera une pièce incontournable de l'échiquier politico-administratif du futur chef de l'État, qui le nommera secrétaire général adjoint de l'Élysée en 2009. Jacques Chirac se sent fragilisé et s'en émeut auprès de Jouyet, qui lui rétorque : Malgré votre gentillesse, je ne peux m'opposer à la volonté de Nicolas Sarkozy.

Le ministre affirme aussi son indépendance face à l'administration de Bercy, dont il connaît, pour l'avoir « pratiquée » entre 1993 et 1995 comme ministre du Budget, la force – d'inertie, aussi – et le besoin de considération. Premier signe de sa liberté d'action vis-à-vis de la technocratie de Bercy, Nicolas Sarkozy ne nomme ni un inspecteur des finances, ni un polytechnicien désigné par les cadors du ministère comme directeur de cabinet, mais Claude Guéant, un préfet qui le suit depuis Beauvau. Il s'appuie sur un n°2 imaginatif et loyal, François Pérol, major de l'ENA en 1990 et inspecteur des finances qui le suivra à la présidence de la République. « J'étais paré », dira l'ancien maire de Neuilly. Même si, côté ministres, ses coudées sont moins franches… Il a, certes, pu choisir son secrétaire d'État au budget, François Bussereau, mais son fidèle parmi les fidèles, Patrick Devedjian, s'est vu refuser l'Industrie par l'Élysée.

Dès son entrée en fonction, Sarkozy se met à l'ouvrage avec un objectif : « devenir le ministre des Finances qui réussirait à réconcilier les Français avec l'économie, pas le ministre de la technostructure mais celui de la réalité quotidienne. » Dans la « forteresse », il importe les méthodes de la place Beauvau : débauche d'énergie, déplacements rapides et ciblés sur le terrain, verbe direct et précis à l'égard des syndicats et des chefs d'entreprise.

Dans les pas de Dominique Strauss-Kahn, le ministre manager lance l'une des réformes les plus ambitieuses jamais menées au sein de l'administration de Bercy : la fusion entre la Comptabilité publique et les Impôts, les deux plus grosses directions de Bercy, qui débouchera sur la direction générale des finances publiques. Mais Nicolas Sarkozy est trop occupé à régler des dossiers stratégiques comme le sauvetage d'Alstom, le rapprochement du français Sanofi et du franco-allemand Aventis ou la réforme du statut d'EDF… Contraint par le temps, il reporte la réforme de Bercy car Beauvau le rappelle. Il reprendra ce chantier à l'Élysée. À ces manœuvres titanesques s'ajoute, dès le début de son quinquennat, la numérisation des services et la vaste révision générale des politiques publiques (RGPP).

L'ancien ministre de l'Économie et des Finances a constaté l'absurdité kafkaïenne de l'organisation des Impôts en France. Alors que la Comptabilité publique calculait l'impôt, les « Impôts », eux, le collectaient, sans jamais communiquer et en fonctionnant sur deux canaux de distribution distincts alors que leur mission se situait aux deux bouts de la même chaîne. « C'est moi qui, en 2008, ai eu la responsabilité de mettre en œuvre ce qui reste comme la plus grosse opération de fusion d'administrations centrales. Ça a été difficile mais tout s'est déroulé dans le calme, savoure Éric Woerth. C'était deux directions extrêmement syndiquées, avec des syndicats différents. Il fallait négocier avec les trésoriers payeurs généraux (TPG) pour la comptabilité publique et les directeurs des Impôts dans les départements dont le statut était différent. Chaque administration craignait que l'autre prenne le pouvoir. »

Éric Woerth se déplace. À Paris, il loue un théâtre pour réunir tous les TPG, les directeurs d'administration, les directeurs des Impôts et leur équipe, pour expliquer, rassurer… L'opération dure une année entière, toujours sous l'œil vigilant de Nicolas Sarkozy qui craint que les Impôts se mettent en grève et que l'argent n'entre plus dans les caisses de l'État. « Finalement, il a été rassuré et satisfait », sourit Éric Woerth.

L'offensive du gouvernement contre les administrations prend aussi une forme encore plus massive qui se résume en quatre lettres : la RGPP. Portée sur les fonts baptismaux en juillet 2007, elle illustre le volontarisme de l'exécutif et la détermination de Nicolas Sarkozy dans la lutte contre le poids de la fonction publique française. Plus de 350 mesures sont promues parmi lesquelles la fusion de nombreux services (DDE-DDAF, la Direction de l'équipement avec celle de l'agriculture et des forêts, la fusion ANPE-Unedic), la simplification de démarches administratives, l'amélioration de la mobilité dans la fonction publique… Mais la mesure phare restera le non-remplacement d'un fonctionnaire sur deux. Cette réforme, qui touche l'ensemble des ministères, est inspirée de politiques menées au Canada ou en Suède. Et même si son bilan s'avérera décevant, l'esprit de la réforme ne sera jamais contesté par les gouvernements qui suivront.

La gauche rationalise

Autre offensive d'envergure qui a fait trembler toute une administration : le prélèvement à la source de l'impôt sur le revenu. Cette réforme, c'est le socialiste François Hollande qui l'a voulue. Elle est en apparence technique : le fisc prélèvera directement l'impôt sur le revenu à partir des salaires déclarés par les employeurs et validés par les contribuables. Pourtant, elle n'a pu se concrétiser que grâce à la hargne de quelques ministres confrontés à l'opposition de l'administration. Le prélèvement à la source, c'était un vieux serpent de mer d'une vingtaine d'années. Devant la réussite du dispositif, mis en place dans presque tous les pays européens, Christian Eckert relance l'idée dès 2015 avec Michel Sapin. La mesure, poussée par François Hollande, était largement soutenue puisque 90 % des Français y étaient favorables. Seules les entreprises et la machine de « Bercy » ne la plébiscitaient pas. « Je sais que les personnels et les syndicats de Bercy sont par nature opposés à cette réforme, grince l'ancien secrétaire d'État au Budget. Bercy pense qu'une de ses missions – le recouvrement – finira par lui échapper[1]. » Eckert demande l'avis de « son » administration, qui lui envoie une note documentée signée par les trois directeurs, celui du Trésor, du Budget et des Finances publiques. Sans surprise, ils recommandent de ne pas mettre en œuvre la réforme et égrènent point par point les raisons qui justifient leur position pour le moins tranchée. Le prélèvement à la source poserait, selon eux, la première année, des problèmes de trésorerie en raison du décalage d'un an, il dresserait des obstacles juridiques et creuserait des gouffres de complexité – quels revenus prendre en compte ? *Quid* des revenus financiers ? Bref, l'administration des finances est prise en flagrant délit d'inertie…

Ces nombreuses chicanes ne découragent pas Christian Eckert, agrégé de mathématiques et rompu aux équations à plusieurs inconnues. Le ministre décide de réunir les trois hauts fonctionnaires et leur dit clairement et nettement : « On va le faire. » Pour se couvrir, les directeurs demandent une « instruction » dans laquelle le ministre détaillerait le but et les étapes de la mesure. « Je n'ai plus jamais vu les directeurs dans mon bureau sur le sujet », se délecte Eckert. Car « si les hauts fonctionnaires savent montrer leur force, ils sont aussi profondément attachés à réussir les missions que leur confie le pouvoir politique. Le président de la République avait parlé, ils allaient s'exécuter. »

Eckert et les membres de son cabinet se retroussent les manches. Ils rencontrent tous les acteurs économiques et associatifs, du Medef aux Restos du cœur, en passant par les syndicats agricoles et les professionnels de l'immobilier. Véronique Bied-Charreton, directrice de la législation fiscale de 2012 à 2017, effectue, avec ses équipes et le cabinet du ministre, un travail de bénédictin. Eckert, transformé en VRP de l'impôt, se lance dans un « tour de France du prélèvement ». Il visite une douzaine de villes, participe à des tables rondes avec les agents des impôts, des contribuables…

« C'est moi, avec mes deux ministres à Bercy, Michel Sapin et Christian Eckert, qui avons décidé de réformer la méthode de prélèvement de l'impôt sur le revenu, relate, avec satisfaction, François Hollande. Je m'attendais à ce que le ministère résiste. Cela représentait beaucoup de contraintes et c'était une révolution en matière de ressources humaines. » Pendant des mois, Bercy va, en effet, multiplier les obstacles et les mises en garde, « des rectifications à prévoir, certains oubliés dans le système et des ratés éventuels »… « Sapin, Eckert et moi avons, malgré tout, décidé de persévérer car nous étions convaincus que le prélèvement à la source était la première étape d'une réforme fiscale plus profonde et plus juste tendant à fusionner à terme l'impôt sur le revenu et la CSG », explique l'ancien président. La gauche n'aura pas le temps de finaliser ce changement de méthode de perception avant les élections de 2017.

C'est Gérald Darmanin, malgré les atermoiements d'Emmanuel Macron, qui finira par la mettre en musique. Malgré l'audace qu'il venait de déployer pour bousculer, à 39 ans, l'échiquier politique traditionnel, le nouveau président hésite. Par crainte du bug informatique mais aussi sous la pression de certains syndicats de Bercy et face à l'opposition des entreprises. En revanche, le jeune élu de Tourcoing, quasiment inconnu quelques mois auparavant, ne lâche pas. Pourtant, les syndicats avaient tout osé, jusqu'à faire circuler dans la presse une note interne soulignant un risque informatique, omettant de dire que c'était une hypothèse non probable. Il en fallait plus pour faire reculer Darmanin. Et la réforme est entrée dans les foyers des Français, sans heurts ni malheurs. Son prédécesseur Michel Sapin lui a même envoyé un SMS qui disait : « Merci et je suis prêt à ce que cette réforme ait deux pères. »

Autre bras de fer entre François Hollande et l'administration : le Crédit d'impôt pour la compétitivité et l'emploi (Cice). Pour mettre en vigueur cette disposition inédite, le président doit surmonter l'opposition d'une partie de la gauche mais aussi de l'administration de Bercy. « J'ai dû lui imposer cette formule que j'avais inventée, se flatte l'ancien président. Les crédits d'impôt, les baisses de charges, Bercy n'en veut pas car il ne veut pas perdre de recettes à un moment où l'exigence est au rétablissement des comptes publics. Mais une fois que le politique a décidé, Bercy s'est fait fort d'appliquer. »

François Hollande a remporté une autre manche, cette fois contre le puissant monde bancaire : la séparation des activités d'investissement et de dépôt dans le but de combattre la spéculation. Une leçon tirée par le président socialiste après la faillite de Lehman Brothers aux États-Unis quatre ans auparavant. « Cette réforme est plus audacieuse que ce que la direction du Trésor envisageait. Il m'a fallu lui tordre le bras, parfois avec sécheresse et même une dureté de langage qui ne m'est pas coutumière, pour parvenir à me faire entendre de mes propres services ! ». Une direction du Trésor, cœur battant de la citadelle de Bercy, que François Hollande n'a pas manqué d'amoindrir politiquement. « La responsabilité politique de la gestion du Trésor a été coupée en trois, entre les deux ministres à Bercy et le Quai d'Orsay », souligne Jean-Pierre Jouyet qui, après le Trésor, a rejoint l'Élysée, en tandem avec Emmanuel Macron. « On voit bien qu'un véritable pôle, une sorte de cabinet économique et financier, s'est constitué autour du président de la République », analyse, à l'époque, Jean-Marc Plantade, ancien conseiller de Christine Lagarde. Très vite, le sarkozyste Ramon Fernandez est remplacé à la tête du Trésor par Bruno Bézard, ancien conseiller de Lionel Jospin. L'administration n'aura pas le dernier mot.

La suppression de l'ENA : un acte manqué ?

En bon libéral, Emmanuel Macron veut aussi « sa » réforme de l'État. Il décide de s'attaquer à la tête, par là où le poisson commence à pourrir. Voilà plus d'un an, ce jeudi 8 avril 2021, que la crise sanitaire a paralysé le monde et la France. Emmanuel Macron qui, dès les premiers stigmates du Covid, a alerté l'opinion en martelant : « Nous sommes en guerre », tire de la pandémie une leçon qui peut paraître étrange au regard du tremblement de terre qui fragilise nos sociétés : la suppression de l'ENA, vivier de l'élite à la française avec, pour les meilleurs, ses débouchés au Conseil d'État, à la Cour des comptes et à la prestigieuse et puissante Inspection générale des finances.

« Comme en 1945, nous vivons un moment historique, déclare le chef de l'État. Il y a soixante-quinze ans, notre pays, épuisé, sortait de deux guerres avec devant lui le défi immense de la reconstruction. L'ENA fut créée. Nous avons structuré notre haute fonction publique. En 2021, notre pays fait face à une pandémie historique. Notre devoir est de savoir y répondre avec le même sens de l'histoire. » Le 1er janvier 2022, l'Institut national du service public (INSP) remplace officiellement celle que l'on n'identifie plus que par ses trois initiales, tel un code d'entrée dans le saint des saints.

Simple toilettage sémantique pour les uns, réforme de fond destinée à adapter l'école à un monde en mutation pour d'autres, ou caprice autoflagellateur d'un président lui-même issu de l'Inspection des finances ? « Ce qui marque au fer rouge cette décision est son origine : un geste pensé, voulu, décidé pour être démagogique et populiste », s'écrie Alain Minc, pourtant ancien soutien d'Emmanuel Macron. Une opposition nourrie aussi par Édouard Philippe, l'ancien Premier ministre d'Emmanuel Macron, lui-même conseiller d'État.

L'objectif du chef de l'État est clair : casser le pouvoir de l'administration face au politique, limiter l'arrogance des préfets, comme celle de Bercy et des grands corps de l'État, Quai d'Orsay compris, en modifiant les règles de recrutement, de formation, d'avancement et de sortie… Dès 2017, Emmanuel Macron entonnait déjà les premiers accents de l'hallali. « Je ne veux pas que l'État fabrique des castes administratives avec des carrières toutes tracées. Je veux renforcer la méritocratie au sein de l'État pour promouvoir les meilleurs et les plus engagés et pas seulement ceux qui ont eu les qualités académiques requises à un instant T pour sortir bien classés. » Une déclinaison du « haro sur les rentes » du trentenaire biberonné aux principes anti-corporatistes développés par les chercheurs Yann Algan et Pierre Cahuc.

L'« abolition des rentes » est l'un des axes les plus clairs de la vision du monde du président de la République, pur produit, pourtant, de l'énarchie et, selon ses détracteurs, de son système de reproduction des inégalités ! L'État, pour Emmanuel Macron, n'a pas à « offrir un parachute à ceux qui ont échoué dans le privé ». Lui-même n'a-t-il pas démissionné de l'Inspection générale des finances en 2016 parce que, disait-il, il faut savoir « prendre son risque » ?

Malgré les tentatives de Matignon, du Premier ministre et de son cabinet, de désactiver la réforme, le texte est validé. Mais c'est le successeur d'Édouard Philippe, Jean Castex, qui en explicite les ambitions. Dans une lettre de six pages adressée le 15 mai 2022 à tous les hauts fonctionnaires, le chef du gouvernement pointe le manque de diversité des profils, les cloisonnements administratifs, l'absence de suivi individuel et d'évaluation des agents… Tous les élèves suivront donc un tronc commun qui comptera des thématiques comme la laïcité, la transformation numérique ou la transition écologique. À la sortie de l'école, ils seront affectés à des postes à responsabilité sur le terrain.

Concrètement, ce n'est pas la tronçonneuse qui fait son œuvre mais la guillotine, une décapitation qui touche la plus haute fonction publique. Tous les grands corps seront, en effet, purement et simplement rayés des listes de sortie de la future école, et notamment le corps de l'Inspection des finances. Ils seront remplacés par un corps unique, une formation commune pour les commissaires, les administratifs et les magistrats. Pour casser la « chaîne de reproduction », un concours pour les candidats de condition modeste sera créé à l'entrée. Seuls le Conseil d'État et la Cour des comptes, qui forment des magistrats devant, au nom de la séparation des pouvoirs, rester hors de l'orbite de l'exécutif, seront épargnés.

« En modernisant l'ENA, Emmanuel Macron a voulu faire avec l'administration ce que les grandes entreprises ont déjà fait depuis longtemps, nous confiait Éric Lombard, lorsqu'il était encore le patron de la Caisse des dépôts. Il supprime les corps comme les entreprises ont supprimé les grades pour qu'il y ait une plus grande mobilité des effectifs. Cela permet une circulation des personnes qui effectuent des parcours de compétences dont ils sont satisfaits car cela leur octroie des responsabilités et pas seulement un titre. L'appartenance à un corps que l'on intègre à 20 ans et grâce auquel on est protégé à vie est un archaïsme qu'il fallait combattre. »

L'éternelle accusation en inefficacité de l'administration

Pour s'abstraire des lourdeurs administratives, Emmanuel Macron s'appuie, dès le début de son premier mandat, sur des lois d'exceptions. Grâce à elles, Notre-Dame a pu renaître de ses cendres et le Village olympique, sortir de terre en temps et en heure. Un volontarisme qui a fait ses preuves et qu'il cherche, en février 2025, à réactiver avec son projet du Nouveau Louvre.

La détermination d'Emmanuel Macron se mesure surtout à la pression des événements, à « la force des choses » qui ont fait éclater au grand jour, et souvent dans des conditions dramatiques, les insuffisances de l'administration française.

Dès 2018, le président de la République, qui s'est lancé dans une « itinérance mémorielle » pour commémorer la fin de la Première Guerre mondiale, est assailli par les récriminations des élus locaux. Maires, présidents de conseils départementaux, tous partagent la même aversion : l'inefficacité de l'administration. « Trop lente, trop lointaine. » Puis éclate la colère des Gilets jaunes dont l'une des manifestations les plus violentes est l'incendie de la préfecture de Haute-Loire, au Puy-en-Velay. Un signe supplémentaire. Mais ce qui finira de convaincre Emmanuel Macron, c'est le Covid-19. À l'évidence, les administrations, incapables de délivrer des masques ou d'organiser les services d'urgence, ne sont pas à la hauteur ! « Il y a, au fond, deux maladies que nous devons régler, le déterminisme et le corporatisme », déclare le président, le 8 avril 2021, pour justifier la fin de l'ENA.

Si le Covid a révélé au grand jour les lacunes de l'administration de la Santé, appuyée sur les controversées agences régionales, il a surtout amoindri les pouvoirs de la plus puissante d'entre elles, Bercy. « Bercy, avec Emmanuel Macron à l'Élysée et la circulation du Covid, a perdu beaucoup de pouvoir, constate Gaspard Gantzer, ex-conseiller de François Hollande. Depuis 2019, l'exécutif n'a cessé d'expliquer aux hauts fonctionnaires des Finances et du Budget que rien n'allait plus être pareil. Bercy qui dans le domaine budgétaire a toujours poussé les feux des économies de façon abrasive a perdu, avec le Covid et le "quoi qu'il en coûte", toutes les batailles, la totalité de ses arbitrages. »

Depuis, l'administration a repris les rênes de son cheval de bataille, la réduction des déficits. Avec Bruno Le Maire et ses successeurs à Bercy, elle tente de refaire passer les crédits sous la toise des 3 % de déficit et des 60 % d'endettement. Une œuvre de longue haleine qui risque de miner encore plus sa crédibilité, d'autant que Bercy a perdu de sa superbe et de sa légitimité.

« Autrefois ultra-puissant, Bercy n'est plus cette forteresse que les autres ministères craignaient dans les années passées, dictant sa loi à tous, estime Julien Defline. Au fil du temps, ses attributions ont été ramenées à la portion congrue. En charge de la conjoncture, le ministère en est d'abord réduit à commenter les indicateurs économiques, sans pouvoir influer sur eux, puisque les deux grands leviers de la politique économique, le budget et la monnaie, lui échappent quasi totalement. Pour le chômage, il n'a pas même voix au chapitre[2]. »

Déjà affaibli par l'indépendance de la Banque de France, reconnue en 1994, Bercy voit aussi ses pouvoirs réels de plus en plus marginalisés par la construction européenne, la mondialisation des échanges, la rationalisation de son administration et le déclin de l'interventionnisme public. En novembre 2010, déjà, c'est tout un symbole de la puissance de Bercy qui disparaît. François Baroin, ministre du Budget, signe l'acte de décès d'un lieu de pouvoir mythique du ministère, l'énigmatique cellule fiscale de Bercy, source de tous les fantasmes de la part des contribuables. Installée au cœur du cabinet du ministre, composée de quelques fonctionnaires des Impôts triés sur le volet, elle était chargée d'examiner les requêtes directement adressées au ministre. Elle a été la victime collatérale de l'affaire Bettencourt, un scandale politico-financier dans lequel la justice a suspecté la propriétaire de L'Oréal d'avoir financé illégalement la campagne de 2007 de Nicolas Sarkozy. Son existence « nourrissant la suspicion d'ingérences politiques en matière fiscale », selon les conclusions d'un rapport de l'Inspection des finances, la cellule a été condamnée. « Sur le papier, cette cellule donnait au ministre du Budget un véritable droit de grâce sur tel ou tel contribuable, écrivent Thomas Bronnec et Laurent Fargues. C'est lui et lui seul qui signait les décisions[3]. » Avec sa disparition, c'est une partie du pouvoir discrétionnaire de la forteresse qui s'efface.

Cause ou effet ? Cette marginalisation de l'administration voulue par trois présidents de la République successifs a donné naissance à des conseillers d'un nouveau type : les cabinets de conseil. Destinés à apporter une expertise extérieure et plus pointue que celles des services des ministères, ces conseillers privés suscitent aujourd'hui bien des suspicions, notamment de la part des parlementaires. Le Sénat a ainsi rendu, en juin 2022, les conclusions d'une commission d'enquête sur leur rôle. C'est Nicolas Sarkozy qui a la paternité de ces « privés » de haut vol, avocats, communicants et autres consultants.

Raymond Soubie, un de ses proches conseillers, s'en souvient. « Nicolas Sarkozy a décidé d'un certain nombre de thèmes sur lesquels l'administration devait travailler, pour être meilleure et plus performante, avec des cabinets de conseil qui avaient été choisis. » Régulièrement, « le président avait une réunion avec les ministres concernés, les administrations, et ces consultants extérieurs car il voulait savoir quel était le jugement porté par ces derniers sur le fonctionnement de tel ou tel sujet. C'était pour secouer le cocotier administratif et faire émerger de nouvelles idées. » Si la plupart des ministères régaliens, comme l'Intérieur, la Justice ou l'Éducation nationale, sont visés par cette externalisation des compétences, c'est surtout Bercy et son administration qui sont dépossédés.

Pour Emmanuel Macron, l'appel accéléré de consultants privés et la transformation de l'ENA en INSP (Institut national du service public) ne sont que les prolégomènes d'une réforme plus fondamentale de l'administration. Après la tête, c'est aux « jambes » et aux « bras » qu'il s'attaque. Cette fois-ci, c'est le mythique statut de la fonction publique qu'il veut réécrire, une des pierres angulaires du modèle social français pour une grande partie de la classe politique.

Le statut, vers la fin d'un totem ?

Ce grand basculement, c'est Stanislas Guérini, ministre de la Fonction publique, qui, en 2022, a la lourde responsabilité de le concrétiser. Cette réforme était présentée par le président lui-même comme l'une des plus importantes de son second mandat. « Le statut de la fonction publique, ce n'est pas le *statu quo*, ce n'est pas l'égalitarisme, assume le ministre dans *Le Parisien*, en avril 2024. Il faut le faire évoluer, le moderniser. On a des agents pleinement dans le XXIe siècle, mais un système qui est parfois bloqué dans les années 1980. » Derrière la froideur technocratique du propos, c'est en fait de la dynamite…

Pourtant, la méthode se voulait apaisante : elle ne visait, sur la base de la concertation, qu'à rendre plus attractive la fonction publique, en proie à de grandes difficultés de recrutement. Mais les objectifs étaient plus ambitieux puisque, selon les mots du ministre, ce texte visait à « lever le tabou du licenciement dans la fonction publique » et à prévoir une rémunération au mérite des fonctionnaires, afin de « récompenser les agents qui sont engagés et de sanctionner ceux qui ne font pas suffisamment leur travail ». Pour Stanislas Guérini, il n'y a rien de scandaleux à faciliter le licenciement des fonctionnaires pour « insuffisance professionnelle ». « Je pense qu'il faut pouvoir entrer, être promu, et sortir plus facilement de la fonction publique. »

Pour les syndicats, il s'agit d'une attaque insupportable contre leurs droits. Selon eux, le mérite est déjà pris en compte dans la rémunération et l'avancement. Il fait l'objet d'une prime facultative, réservée à la fonction publique d'État, le complément indemnitaire annuel, qui tient compte de « l'engagement professionnel et de la manière de servir du fonctionnaire ». Et les organisations de mettre en avant le rapport sur l'état de la fonction publique publié chaque année et qui montre qu'en moyenne, primes et indemnités représentent déjà près d'un quart (23,8 %) du salaire brut des fonctionnaires. En outre, la « valeur professionnelle », évaluée lors de l'entretien individuel, permet d'accélérer l'avancement de l'agent par rapport à la seule ancienneté. « Cette réforme va mettre à bas notre modèle d'égalité d'accès aux emplois publics, d'indépendance des fonctionnaires au service de l'intérêt général. C'est un véritable saccage ! », s'élève la FSU-Finances, un des principaux syndicats de la fonction publique.

Le tollé est le même du côté des partis de gauche. Pourtant, quelques années plus tôt, en 2019, le socialiste Olivier Dussopt, converti au macronisme et secrétaire d'État auprès de Gérald Darmanin, a fait voter une réforme qui a elle aussi secoué les fonctionnaires. Ce texte passé dans l'indifférence générale prévoyait ni plus ni moins un recours accru au contrat, une révolution qui remettait en cause le statut et le principe de l'emploi à vie pour les agents publics.

Malgré les négociations pour améliorer les conditions de travail, le rejet des syndicats et de la gauche reste entier. La droite, elle, en demande plus. « Dans la fonction publique, la règle devrait être le contrat », assène Bruno Retailleau, à l'époque président des sénateurs LR. Et celui qui, quelques mois plus tard, serait nommé ministre de l'Intérieur, précise : le statut devrait être « réservé aux magistrats à des fonctions régaliennes ».

Au printemps 2024, la CGT et Force ouvrière déposent un préavis de grève pour toute la période des Jeux olympiques et paralympiques. Une menace, patriotisme oblige, qu'ils se sont abstenus de concrétiser, tandis que le ministre donnera rendez-vous en octobre pour poursuivre les négociations. La réforme du statut de la fonction publique sera l'une des nombreuses victimes de la dissolution…

Si la fin du statut des fonctionnaires est déprogrammée, les gouvernements Barnier, Bayrou puis Lecornu, forcés par une dégradation des finances publiques, ont remis au cœur de leur programme la lutte contre la bureaucratie. Le maire de Pau en fait un des axes majeurs de sa déclaration de politique générale, en janvier 2025. Même si le refrain est bien connu, l'insistance du nouveau chef de Matignon est légitimée par un double facteur. D'abord, les inquiétudes exprimées par les vigiles des finances publiques, de la Cour des comptes aux agences de notation ; ensuite, l'ampleur du ras-le-bol des Français, particuliers et entreprises, face à la paperasserie administrative. Croissance pénalisée en raison du « poids des normes », contraintes qui constituent « un frein insupportable à l'activité de notre pays ». Et l'ancien Premier ministre de stigmatiser les « plus de 1 000 agences, organes ou opérateurs qui exercent l'action publique » et dont l'utilité n'est plus démontrée, mais qui constituent un labyrinthe, « une bureaucratie trop lourde et incroyablement nuisible au développement du pays ».

Musk, modèle assumé

Au sein des hommes et des femmes politiques, la prudence a fait place à la surenchère. Si affirmer son soutien à Trump n'est pas toujours facile quand on appartient à la droite traditionnelle, faire l'éloge public d'Elon Musk semble être devenu un sport à droite et au centre. La présidente LR de la région Île-de-France a été l'une des premières à se réjouir de l'arrivée de Musk au gouvernement : « Un comité de la hache anti-bureaucratique, j'en ai rêvé et Elon Musk va le faire ! » a salué Valérie Pécresse. En 2021, lorsqu'elle était candidate à l'investiture LR pour la présidentielle, l'ancienne ministre de François Fillon avait déjà promis la suppression de 150 000 postes de fonctionnaires « administratifs », devenus 200 000 à la veille du scrutin. Le réveil a été douloureux : la candidate à la présidentielle n'a pas réussi à dépasser la barre des 5 %. Aujourd'hui, Valérie Pécresse préconise la fermeture de l'Ademe, l'Agence de l'environnement et de la maîtrise de l'énergie. « Le problème, a-t-elle expliqué, c'est que quasiment tous les projets financés par l'Ademe le sont aussi par la Banque des territoires et les régions. Ça veut dire qu'il y a trois administrations qui planchent sur les mêmes projets, qu'on fait trois fois les mêmes instructions. »

Même au centre de l'échiquier les tentations se font jour. « Le binôme Trump-Musk doit aujourd'hui, en France, nous poser question », déclarait Christelle Morançais, quelques semaines après l'investiture de Donald Trump. Et la présidente des Pays de la Loire, vice-présidente d'Horizons, d'expliciter : « Trump, quand il s'associe à Musk, apporte aussi une part de rêve, de fierté américaine. Musk est génial. L'entrepreneur est génial. Aujourd'hui, on rêverait tous d'avoir un Musk français. »

Cet enthousiasme, Edouard Philippe ne le partage pas. Après la volonté exprimée par Donald Trump de se désengager du conflit russo-ukrainien, le candidat à la présidentielle est catégorique. « Abandonner un pays que l'on soutient, qui est agressé, et travestir la vérité au point de dire que la guerre serait le fait de l'Ukraine, évidemment que c'est une trahison ! »

Pas de quoi tétaniser sa n°2 au sein d'Horizons, qui s'est emparée de la « tronçonneuse » pour procéder à des coupes claires dans le budget de sa région. Une réduction de 100 millions d'euros de dépenses pour 2025 dont une baisse de 10 % des subventions aux associations, pas de renouvellement des contrats de 100 fonctionnaires… Christelle Morançais a été surnommée la « méchante de droite ».

La macronie elle-même n'est pas insensible au syndrome Trump-Musk. Guillaune Kasbarian, ministre de la Fonction publique sous Michel Barnier, mais aussi « de la simplification et de la transformation de l'action publique », a ainsi déclenché un fort émoi parmi ses alliés politiques. Le ministre n'avait pas hésité à voir dans Elon Musk son « homologue » et a salué d'un tweet le nouveau « haut conseiller » de Donald Trump. « Félicitations pour avoir accepté ce super défi @elonmusk ! J'ai hâte de partager avec vous les meilleures pratiques pour lutter contre l'excès de bureaucratie, réduire la paperasse, et repenser les organisations publiques pour améliorer l'efficacité des agents publics », s'enflamme Guillaume Kasbarian sur X, en anglais. Au sein du camp macroniste, l'aile gauche peine à masquer sa gêne. « Je n'ai pas compris qu'on avait le même agenda qu'Elon Musk », ironise Clément Beaune.

Guillaume Kasbarian n'a tenu que trois mois… « On pensait que le trumpisme en France se limitait à l'extrême droite. On se trompait. Nous avons G. Kasbarian, le Elon Musk français sans l'électricité », cingle, de son côté, Olivier Faure sur X.

De son côté, le RN a aussi établi son propre inventaire. Une liste étoffée ciblant, comme Valérie Pécresse, l'Ademe, mais aussi le contrôleur général des lieux de privation de liberté, la Commission de régulation de l'énergie, la Commission nationale du débat public, l'Agence française de lutte contre le dopage, ou encore l'Arcep, chargé de réguler les télécoms, les parcs nationaux, l'Agence nationale de l'habitat, l'Office français de la biodiversité ou celui de l'immigration et de l'intégration. Ce sont les instances de régulation ou d'aide aux immigrés qui sont dans le viseur du RN. Derrière des économies chiffrées, le combat politique et idéologique n'est jamais très éloigné.

PARTIE II

Chapitre 3

Bercy, un Matignon bis

Si un rapprochement entre le pouvoir politique et les chefs d'entreprise est à l'œuvre en France, si passer les emplois publics à la tronçonneuse n'est plus un tabou, sans doute est-ce le résultat d'une mutation profonde : l'affirmation du ministère de l'Économie et des Finances dans la mécanique des pouvoirs.

Depuis une vingtaine d'années en effet, les locataires de Bercy ont pris peu à peu le pas sur Matignon voire concurrencé l'Élysée. Le terrain était ainsi propice pour que la révolution Trump-Musk se déploie en France. Aux États-Unis, ce nouveau duo s'est substitué pendant quelques mois au « ticket » traditionnel formé par le président et son vice-président. En France, c'est le très constitutionnel couple président de la République-Premier ministre qui s'efface progressivement au profit de Bercy et du ministre qui la dirige.

L'effacement de Matignon

« Dans un couple à trois, il y en a toujours un de trop », disait Lady Di. Vérité monarchique au-delà de la Manche, vérité républicaine en deçà. Si la Vᵉ République, née sur les décombres de la guerre d'Algérie et biberonnée au lait vitaminé des Trente Glorieuses, a consacré le duo président de la République-Premier ministre, elle a vu aussi se glisser, imperceptiblement, un troisième acteur, le ministre de l'Économie et des Finances. Son arrivée a transformé le couple légitime en ménage à trois. Cette « troïka » a longtemps respecté la hiérarchie imposée par la Constitution gaullienne. Au président de la République, les « questions régaliennes » et notamment les Affaires étrangères, européennes et la Défense. À son Premier ministre, le reste. Et l'intendance suivra ! Or, les transformations économiques, politiques et institutionnelles ont consacré un nouveau venu dans le premier cercle du pouvoir : celui à qui incombe la gestion des deniers publics. Un ministre devenu une pièce peu à peu indispensable et décisive dans le mécano institutionnel, économique et même géostratégique que mettent en place le Général et ses successeurs. À l'origine, c'était au chef de l'État, surtout depuis qu'il est élu au suffrage universel, et à son Premier ministre, d'assumer les missions prévues et organisées dans la Bible constitutionnelle, et au ministre de l'Économie et des Finances de permettre aux deux têtes de l'exécutif de les remplir en leur assurant les moyens d'agir.

Si, dans les années 1960, le jeune Valéry Giscard d'Estaing réussit à faire de Rivoli le tremplin de ses ambitions, c'est bien à l'Élysée et Matignon que siègent les deux grands horlogers de la République. Leur balancier oscille d'un côté à l'autre de la Seine, au gré des personnalités, des conjonctures et des rapports de force politiques. C'est, à l'Élysée, l'époque des de Gaulle, Pompidou, Mitterrand, celle du Chirac des origines et, à Matignon, l'ère des Debré, Chaban et Juppé… C'est surtout le temps du septennat qui fait d'un mandat électif un quasi-règne. Celui où, comme le note Édouard Philippe, « le président planait au-dessus du temps politique, celui où son sort était déconnecté de celui de sa majorité[1] ».

Le septennat, par conséquent, donne alors tout son sens au rôle du Premier ministre, « sacré » par la Constitution « chef du gouvernement ». Le duo bien installé qu'il forme avec le président prend régulièrement la forme d'un duel à fleurets plus ou moins mouchetés. La plus virulente des joutes, hors cohabitation, reste celle qui oppose Valéry Giscard d'Estaing à son Premier ministre, Jacques Chirac qui, à l'été 1976, claque les portes capitonnées de l'hôtel de Matignon pour franchir, un an plus tard, celles, massives, de l'hôtel de ville de Paris, puis, une vingtaine d'années après, celles, plus larges encore, de l'Élysée.

Lors d'une mémorable conférence de presse en mai 1962, le général de Gaulle peut encore infliger une gifle retentissante à son Premier ministre en fustigeant l'Europe intégrée, la qualifiant de « volapük », et provoquer ainsi la démission de cinq ministres MRP (parti de centre droit, proeuropéen) que son Premier ministre, Georges Pompidou, a eu tout le mal du monde à faire entrer dans son gouvernement. Mais très vite, comme le note Jean Garrigues, « la conception gaulliste selon laquelle le Premier ministre n'est qu'un ministre parmi d'autres a du plomb dans l'aile[2] » et Pompidou affirme peu à peu son autorité.

Il n'hésite pas, dès mars-avril 1963, à adopter, dans le grave conflit social de la grève des mineurs, une ligne moins dure que celle que préconise le chef de l'État. Quelques années plus tard, vers quels horizons économiques et géostratégiques François Mitterrand aurait-il guidé la France s'il n'avait écouté le chti de Matignon, Pierre Mauroy, qui lui avait fermement signifié d'engager une politique de rigueur propre à sauver le franc et à arrimer le pays à la Communauté européenne ?

Mais, en politique, comme en art ou dans le sport, les formes influent toujours sur le fond. Et il a suffi de la révision d'un unique article de la Constitution pour qu'on voie la fin de cet équilibre institutionnel. En l'occurrence, la modification de l'article 6 à la suite de laquelle le président de la République n'est plus élu pour sept ans mais pour cinq. Déjà bousculé par trois cohabitations successives, le couple du septennat est définitivement mis à mal par l'adoption du quinquennat en juin 2000. Cette fragilisation se fait au bénéfice du président et provoque l'effacement du Premier ministre. Cette évolution s'accentue avec l'inversion du calendrier, qui positionne l'élection présidentielle avant les législatives afin d'« assurer » au chef de l'État une majorité parlementaire.

Cette logique trouve ses limites lors des législatives de 2022 puis de 2024, lorsque la vie politique, organisée non plus autour de deux mais de trois grands blocs, souffre d'une absence de majorité. Le point d'équilibre a alors bien du mal à se situer entre l'exécutif et le législatif. Mais Bercy demeure le lieu crucial. Pendant le premier mandat d'Emmanuel Macron, la géographie du pouvoir reste très lisible.

« Depuis l'instauration du quinquennat, les présidents ont tendance à penser que [...] le président de la République serait à la fin le seul dont la responsabilité politique est en jeu devant les Français, de ne plus seulement présider mais bien de gouverner. Et donc de réduire le Premier ministre à la portion congrue, voire de supprimer le poste », s'émeut Édouard Philippe. L'ancien hôte de Matignon s'insurge contre une telle évolution : « Tout cela nous paraît procéder d'une vision assez largement erronée », écrit-il quelques mois à peine après avoir quitté le gouvernement. « Le quinquennat renforce l'Élysée au détriment d'un Matignon servile : un système féodal se met en place, où le président décide, où les grands ministres exécutent », écrit, de son côté, Christophe Barbier dans *L'Express*.

Cette révolution d'encre et de papier est pourtant consensuelle, voulue à la fois par une présidence chiraquienne et par une majorité que tient une gauche plurielle sous la houlette du Premier ministre socialiste Lionel Jospin. Quelques mois plus tard, c'est au tour des Français d'approuver massivement cette réforme : près des trois quarts d'entre eux (73 %) répondent « oui » au référendum qui institue le quinquennat, pensant ainsi réduire les pouvoirs du chef de l'État considérés comme exorbitants. Certes, l'abstention (70 % des inscrits) et les votes blancs et nuls (16 %) battent des records. Mais c'est bien l'espoir d'une bouffée d'oxygène démocratique qu'exprimaient les Français.

Ironie du sort, cette révision constitutionnelle rate totalement son but, qui était de renforcer le Parlement et les pouvoirs de celui qui est responsable devant lui, le Premier ministre. Jamais, avec le quinquennat, le président de la République, depuis Louis-Napoléon Bonaparte, n'aura été aussi puissant. Conscient de ce risque, Jacques Chirac, dès sa réélection en 2002, s'attache à rassurer en se déclarant « soucieux de préserver, entre Matignon et l'Élysée, la stricte répartition des tâches nécessaires au bon fonctionnement de l'activité gouvernementale ». Mais chassez le naturel et il revient au galop... C'est Jacques Chirac en personne qui, le 14 juillet 2002, annonce les « trois grands chantiers » de son quinquennat, l'intégration des personnes handicapées, la lutte contre l'insécurité routière et le plan cancer. Des chantiers pilotés à l'Élysée par le secrétaire général Philippe Bas et son adjoint aux affaires sociales, Frédéric Salat-Baroux. Le chef de l'État est plus que jamais le donneur d'ordres, le maître d'ouvrage et le maître d'œuvre, et le Premier ministre, un simple chef de chantier. « On attend du président qu'il soit à la fois au-dessus de la mêlée et les pieds dans la glaise. Tous les rugbymen vous le diront, c'est compliqué », écrit non sans humour Édouard Philippe.

Avec le quinquennat, le chef de l'État est propulsé en première ligne, face à sa majorité et face à l'opinion publique. « Sous le septennat, analyse un ex-conseiller de Dominique de Villepin et de Bruno Le Maire, un Premier ministre tirait sa légitimité de sa nomination par le président de la République mais aussi de son rôle de chef de la majorité. La campagne des législatives, véritables élections intermédiaires, était dirigée par lui et par le parti majoritaire et non par le président. » Aujourd'hui, avec le quinquennat, « Matignon n'est plus le centre de décision. Il était plus fort, plus puissant sous un septennat. En outre, contrairement à ce qu'on aurait pu prévoir, l'absence de majorité absolue ou massive à l'Assemblée depuis juillet 2024 ne semble pas devoir retourner ce rapport de force ».

Avec le quinquennat, c'est le Premier ministre « fusible » du président qui a aussi vécu. Et avec lui, son utilité politique aux yeux d'un chef de l'exécutif désormais « à portée de claque ». « Durant les trois premiers quinquennats (2007-2022), les décisions n'ont plus été prises à Matignon mais à l'Élysée, martèle le conseiller d'un ministre d'Emmanuel Macron. Matignon sous le septennat encaissait plus de chocs qu'aujourd'hui. La contrepartie est que l'impopularité est à l'Élysée. Matignon n'est plus vraiment un enfer, plutôt un purgatoire. » En février 2008, avant le tsunami financier qui a ébranlé les Bourses et les économies du monde entier, alors que le président Sarkozy dégringole dans les sondages (33 % d'opinions positives), François Fillon, lui, caracole à 60 % : « Fillon ne me protège pas, il ne monte pas assez au créneau, il n'est pas courageux, se plaint le président. Il faut que je lui demande des choses plusieurs fois. Sans cela, rien ne bouge, je ne suis pas aidé[3] », rapporte Catherine Nay.

Nicolas Sarkozy le sait bien, pourtant. Il est difficile de revendiquer et d'assumer être un hyperprésident et en même temps regretter que le chef du gouvernement ne soit plus le fusible suggéré par l'organisation constitutionnelle des pouvoirs. En fait, le quinquennat, et la rupture qu'il a provoquée, sied bien à l'ancien ministre de l'Intérieur. Ce Premier ministre « collaborateur », Nicolas Sarkozy l'a théorisé. Dominique de Villepin, mieux traité par Chirac que François Fillon par Sarkozy, n'a pas épargné ses flèches pour le condamner. Et stigmatiser la pratique sarkozyste du pouvoir « reléguant Matignon à l'état de chambre d'enregistrement, conférant au Premier ministre le statut de directeur de cabinet, marginalisant ses ministres au profit de conseillers placés sous l'étroite tutelle du secrétaire général Claude Guéant ». Nicolas Sarkozy n'en a cure et assume non seulement l'omniprésidence mais aussi son corollaire, le fait d'être en première ligne. « La conséquence de ce choix c'est de faire reposer l'ensemble du système sur mes épaules, écrit-il dans ses mémoires. La fonction de Premier ministre a perdu beaucoup de son utilité avec le quinquennat. [...] Matignon est devenu un obstacle plutôt qu'une aide pour l'Élysée[4]. »

Signe de cette « révolution de palais » : en 2007, le chef de l'État s'approprie la Lanterne, petit bijou classique niché dans la forêt de Versailles et qui est l'apanage des Premiers ministres. Autre symbole plus lourd : Sarkozy fait changer les statuts de l'UMP. Le poste de président du parti est suspendu tant que le président de la République en est issu. Comme le souligne Jean Garrigues, « François Fillon ne peut être le chef de la majorité ».

C'est Emmanuel Macron qui est allé le plus loin en théorisant une quasi-disparition du rôle de Premier ministre. Dès son arrivée aux commandes en 2017, celui qui a déjà rodé la pratique élyséenne lorsqu'il était secrétaire général adjoint auprès de François Hollande dénonce sans attendre le système des RIM, ces réunions interministérielles stratégiques dirigées par le directeur de cabinet du Premier ministre. Si cette prise de position est symptomatique, elle n'est pas de nature à « troubler la lune de miel » qui, selon un conseiller de l'époque, prévalait encore entre le chef de l'État et Édouard Philippe. Ce ne sont ni le Congrès réuni par le président, en juillet 2017, à Versailles avant la déclaration de politique générale de son Premier ministre, ni la réforme de l'ISF dont les modalités ont été combattues par Édouard Philippe, ni la taxe carbone que ce dernier voulait conserver, ni les 80 km/heure qu'il a défendus contre le chef de l'État, ni la première réforme des retraites qu'il aurait voulue plus dure. « Pendant l'affaire Benalla, Édouard Philippe a gagné ses galons de chef de la majorité car il a soutenu Emmanuel Macron en pleine tempête », affirme un proche de l'ex-Premier ministre.

Ce n'est qu'après le Covid que les relations se tendent. « Édouard Philippe, dont la popularité a progressé pendant la pandémie, a pris beaucoup d'espace, et Emmanuel Macron en a pris ombrage. » Un Premier ministre chouchou des Français, avec une cote en hausse, qui atteint 57 % d'opinions favorables en mai 2020, dépassant même celle du président qui, elle, plafonne, à 45 %. Il n'en fallait pas plus pour que, de fusible, le Premier ministre se mue en concurrent. En deux mois, le sort d'Édouard Philippe est scellé.

Jean Castex, qui lui succède, grand commis de l'État, ancien secrétaire général adjoint de Nicolas Sarkozy, sait à quoi s'en tenir. « Jean Castex n'a jamais nourri d'ambitions nationales et n'était donc l'objet d'aucune méfiance de la part du président, explique l'une de ses collaboratrices à Matignon. De toute façon, il savait de quel bois était fait Emmanuel Macron et il était hors de question pour lui de se singulariser. » Jean Castex, depuis, a pris la tête de la RATP, avant d'être propulsé aux commandes de la SNCF. Si Jean Castex accepte de se soumettre, Élisabeth Borne, après lui, n'a pas le choix. Malgré son caractère bien trempé, la polytechnicienne, ancienne préfète de la région Poitou-Charentes, doit plier devant les quasi-injonctions de son patron à l'Élysée, notamment au moment de la seconde réforme des retraites et surtout lors de la loi immigration, qui vont pourtant à l'encontre de ses principes. « Élisabeth Borne, c'est la quintessence de ce que veut Emmanuel Macron, souffle un porte-parole du parti présidentiel. Si le président lui dit blanc, c'est blanc. »

En août 2023, dans une interview au journal *Le Point*, le chef de l'État précise sa vision du « couple » que l'Élysée forme avec Matignon. Il élargit de lui-même son périmètre de décision en intégrant dans son « domaine réservé » l'Éducation nationale et l'écologie. Quelques semaines plus tard, prenant acte de l'échec d'Élisabeth Borne à élargir la majorité parlementaire, il prend l'initiative de réunir tous les chefs de parti à Saint-Denis, dans la nécropole royale. Pendant les douze heures que durent ces rencontres, la Première ministre, conviée à la dernière minute, prend des notes. Humiliation suprême, au lendemain de son éviction de Matignon, en janvier 2024, le président aurait proposé à son ex-Première ministre, le portefeuille des Armées, domaine réservé de l'Élysée… Elisabeth Borne acceptera finalement le ministère de l'Éducation nationale dans les gouvernements Bayrou et Lecornu 1, avant d'être écartée sous Lecornu 2.

Le leadership du président est encore plus flagrant sous Gabriel Attal, nommé à Matignon en janvier 2024. Si, avec Élisabeth Borne, il suffisait que le chef de l'État dise blanc pour que ce soit blanc, avec le plus jeune Premier ministre de la Ve République, il suffit qu'Emmanuel Macron pense blanc pour que le Premier ministre dise blanc.

Gabriel Attal est « né » à la vie politique avec Emmanuel Macron et il a grandi vite. Élu député LREM en juillet 2017, il est hissé, en février 2018, au rang de porte-parole du gouvernement. Il grimpe très vite les échelons en se voyant attribuer le ministère des Comptes publics puis celui de l'Éducation où, avec l'interdiction de l'*abaya*, il cherche à imprimer dans les esprits une image d'autorité et de défense de la laïcité. Contrairement à Élisabeth Borne, nommée à Matignon sous la pression de ses proches, Gabriel Attal est promu Premier ministre en dépit des réticences de certains grognards de la majorité, Édouard Philippe, Richard Ferrand, ou François Bayrou. Autre illustration de la subordination d'Attal à Macron : ce n'est que lors d'un déjeuner avec le chef de l'État, quelques heures avant la nomination de Rachida Dati, que le trentenaire apprend l'arrivée de la pasionaria LR dans son gouvernement.

Autre symbole du Macron « jupitérien » : le mardi 16 janvier, trônant dans la salle des fêtes de l'Élysée, le chef de l'État, drapé dans une majesté gaullienne, donne une grande conférence de presse devant son gouvernement et quelque 200 journalistes. Au cours de cette grand-messe, il détaille les mesures qui paveront le parcours de son Premier ministre, deux semaines avant le traditionnel discours de politique générale. Pendant la crise agricole, la déambulation de treize heures du président au Salon de l'agriculture, même chahuté par une partie des agriculteurs, finit par occulter les trois semaines pendant lesquelles son Premier ministre a tenté de résoudre le conflit. « Emmanuel Macron ne peut pas se représenter, alors, en nommant Gabriel Attal, il choisit de se reproduire », sourit Jean-Louis Bourlanges, député Modem.

Le coup de grâce, c'est le 9 juin 2024. Jugeant que les élections européennes signent une défaite pour son parti mais consacrent la victoire du RN, le président annonce, lors d'une allocution télévisée, à la surprise générale, une dissolution de l'Assemblée nationale. Gabriel Attal, lui, ne l'a apprise que quelques heures plus tôt, et a tenté en vain d'en dissuader le chef de l'État. Depuis, celui qui fut le plus fervent des « Macron boys » boude dans son coin, se fâche à l'Assemblée et sème les petits cailloux blancs d'un chemin qu'il espère mener jusqu'à l'Élysée. Car dans ce bras de fer, Attal a enregistré quelques victoires. Et notamment la conquête du parti Renaissance…

Pendant les quelques mois du gouvernement Barnier, le balancier se déplace du côté de Matignon. Mais les députés n'ont eu besoin que de trois mois pour décider de son sort. Le 4 décembre, le NFP et le RN conjuguent leurs forces et le censurent à la suite de l'utilisation du 49.3 par le gouvernement sur le projet de loi de financement de la Sécurité sociale.

François Bayrou, qui lui succède, semble vouloir et pouvoir redonner couleurs et grandeur à sa fonction. N'est-ce pas lui qui a su s'imposer face à Emmanuel Macron ? Lui qui, en soutenant le jeune candidat Macron en 2017, lui a ouvert la voie royale vers l'Élysée ? Pendant quelques semaines, Matignon redevient le cœur battant du pouvoir. Bayrou négocie le budget en s'appuyant sur la gauche et notamment sur le parti socialiste, à qui il concède des hausses d'impôt et la remise sur le métier de la réforme des retraites de 2023.

Mais la donne change du tout au tout avec l'élection de Donald Trump à la Maison-Blanche, sa volonté de se désengager partiellement de l'Otan, son soutien à Vladimir Poutine et sa guerre économique et tarifaire. Emmanuel Macron rendosse ses atours de chef de guerre qui combat pour la nation. Sa cote de popularité, au plus bas depuis la dissolution, remonte. Intervention solennelle à la télévision, déjeuners à l'Élysée, en présence ou pas de François Bayrou, sommets internationaux à Paris sur l'Ukraine ou le Moyen-Orient. François Bayrou, lui, multiplie les gaffes et s'empêtre dans le scandale des violences et des abus sexuels au sein de l'institution religieuse de Bétharram. Le pouvoir est repassé sur la rive droite. Malgré son absence de majorité à l'Assemblée et un poids lourd politique à Matignon, Macron fait un *come-back* inattendu. À l'offensive en Europe mais aussi en France où il n'hésite pas, au nom de la sécurité, à chambouler les lois de finances en cours et à venir. Le budget de la Défense doit augmenter de 30 à 50 milliards d'euros par an, et le déficit public, diminuer. Il l'a décidé. Au gouvernement de résoudre ce Rubik's Cube financier ! Sa décision, il l'a prise sans consulter son Premier ministre ni solliciter l'aval du Parlement dont il reçoit, néanmoins, les représentants politiques dans son bureau, lui qui n'a accès à aucun des deux hémicycles parlementaires.

Le fait du prince refait surface et le domaine réservé du président de la République s'élargit au fil des crises. Le chef de l'État ne reprend pas la main mais un sceptre et redevient le maître des horloges. Sur les retraites ? « Pas question de revenir en arrière par rapport à la réforme de 2023 », fait-il savoir alors que son Premier ministre s'est engagé auprès du PS et des organisations syndicales et patronales. Sur l'action gouvernementale et la politique de son Premier ministre ? « On ne peut pas se permettre deux ans d'immobilisme ou de surplace », avertit le président. François Bayrou ne bronche pas. Il assiste à la dégringolade de sa cote de popularité, espérant que Marine Le Pen veuille bien lui accorder un sursis de quelques mois. La cheffe de file du RN, n'étant plus sûre de pouvoir se présenter à la prochaine présidentielle, est tentée de ressortir ses griffes à l'Assemblée. À l'été 2025, geste kamikaze ou hubris hypertrophié, le maire de Pau met au défi les députés de le renverser en se soumettant à un vote de confiance. On connaît la suite. Quelques heures plus tôt, Emmanuel Macron avait donné son feu vert à ce suicide politique. Il intronise ensuite Sébastien Lecornu, un proche parmi les proches. La main du président sert de plus en plus le collet de son Premier ministre.

Le couple moteur président-Premier ministre n'a décidément plus le vent en poupe. Au point que certains, même à gauche, en appellent à la mise à mort du second. « Je pense qu'il faut sortir de l'ambiguïté institutionnelle et instaurer en France un vrai régime présidentiel, assume François Hollande. C'est-à-dire faire du chef de l'État le seul responsable de l'exécutif et donner au Parlement une place bien plus éminente que sa position actuelle », ajoute l'ancien président de la République. L'idée paraît trop iconoclaste pour l'opinion française et sa classe politique. Mais cette ambiguïté institutionnelle élargit la voie à l'émergence d'un autre acteur sur la scène de l'exécutif.

Bercy s'impose

Janvier 2024. Bruno Le Maire, hôte de Bercy depuis près de sept ans, oppose un *niet* ferme et définitif à la proposition que l'Élysée lui fait : remplacer Catherine Colonna au Quai d'Orsay. Pourtant, c'est une promotion rêvée pour ce germaniste, plutôt porté sur les lettres que sur les chiffres, plus rodé à la souplesse diplomatique qu'aux rigueurs statistiques. Mais Le Maire, qui a déjà convoité le grand paquebot en 2011 avant de se le faire souffler par François Baroin, maîtrise désormais les rouages du pouvoir et de ses rapports de force. Il préfère rester au cœur de la machine, à Bercy, et ne pas s'épuiser dans un domaine par essence réservé au chef de l'État. Il en cédera les commandes huit mois plus tard, forcé par la défaite du parti présidentiel aux législatives, avant de tenter un come-back raté, en octobre 2025, aux Armées. Quelques mois plus tôt, en juillet 2023, Édouard Philippe, ancien Premier ministre, accepte de revenir dans le gouvernement Borne, mais à une condition : « Je veux être clair : si je reviens, c'est à Bercy[5] », a rétorqué le maire du Havre à l'hôte de Matignon qui lui proposait, selon Olivier Beaumont, l'Éducation nationale.

C'est que, en politique, et surtout dans une démocratie, le système a horreur du vide. Et lorsqu'un acteur s'efface, un autre se dessine, pour devenir une nouvelle figure clé de la geste gouvernementale. Aux côtés de celle du président de la République, avec ou contre lui…

À l'opposé de l'Élysée, niché dans le très chic VIIIe arrondissement, l'immeuble érigé dans le populaire Est parisien a été volontairement conçu par l'architecte Paul Chemetov comme un lieu de pouvoir. Avec ses 206 000 m^2, traversés de 42 kilomètres de couloirs monotones desservant des centaines de bureaux impersonnels, Bercy domine tout. Et le montre. Ce paquebot de verre et de béton, à la proue surplombant la Seine, est visible de loin.

Vieux d'à peine un tiers de siècle, Bercy a déjà ses totems et ses tabous. En prenant possession, au 6e étage, de son vaste bureau avec vue sur Notre-Dame, Bruno Le Maire émet le souhait de dissimuler la fresque pastel décorant le mur du fond. Un des huissiers au service du ministre lui fait comprendre que rien ne peut être changé, cette fresque étant classée monument historique (!), de même que les fauteuils de cuir blanc. Comme dans *Metropolis*, les étages les plus nobles sont les plus élevés pour leur vue sur la Seine. Les ministres, délégués ou autonomes selon les gouvernements, Budget, Numérique, Industrie ou Commerce, doivent se partager les

3e, 4e et 5e niveaux, plus roturiers, mais, comme le ministre, ils disposent tous d'un embarcadère spécial avec deux navettes fluviales de la Douane (le *Concorde* et *Bercy*) pour se déplacer plus vite dans Paris, et notamment se rendre les mardis après-midi à l'Assemblée nationale, à la fameuse séance de QAG. Sur le toit, un héliport peut accueillir les hôtes de marque ou les rendez-vous urgents. Mais la plateforme n'est plus opérationnelle depuis la construction de la Très Grande Bibliothèque (TGB) voulue par François Mitterrand, de l'autre côté du fleuve, qui a créé un tourbillon d'air dangereux sur la zone. « Le dernier appareil à l'avoir utilisé, se souvient le ministre, est un super Puma de l'armée de l'Air. Il a juste touché le béton, le temps de déposer son passager, Tom Cruise, pour les besoins d'un épisode de *Mission impossible*. »

Les autres étages se distribuent comme les rues d'une ville, une cité futuriste dont les artères seraient les mêmes. On peut vivre à Bercy sans jamais en sortir. Une fois franchi l'octroi, une ville dans la ville attend visiteurs et agents publics, avec salle de sport pour les hauts fonctionnaires, supérette, bureau de poste, crèche, centre médical, et cinq restaurants d'entreprise, au sous-sol, en première ligne en cas de crue de la Seine.

Si Bercy prend ses aises dans le populaire Est parisien en pleine reconversion, les autres ministères, mais aussi Matignon et même l'Élysée, à l'étroit dans leurs palais, doivent se disséminer hors de leurs murs. Bercy, au contraire, concentre en un seul site ses quelque 5 000 fonctionnaires, éparpillés jusqu'en 1989, dans 40 immeubles, au Louvre et alentour.

François Mitterrand, alors à la tête de l'État, plus sensible aux muses de l'histoire et aux pyramides de verre, ne l'a visité qu'une fois et aurait juré de ne plus jamais y revenir. « Bercy n'est pas seulement un changement de lieu, c'est aussi un changement d'esprit », expliquait-on au cabinet de Pierre Bérégovoy, premier ministre de l'Économie et des Finances à s'y installer.

Les années 1990 (le transfert date de 1989) ont vu, en effet, une montée en puissance du ministère. Déréglementation, mondialisation, construction renforcée de l'Europe… Peu à peu, l'économie l'a emporté sur le politique *stricto sensu.* Certains s'en sont félicités, d'autres le critiquent encore. Parce que Bercy rime avec économie, rigueur budgétaire, sinon injustice sociale… Parce que les changements institutionnels ont affaibli les Premiers ministres et renforcé les grands argentiers.

Ce tournant n'a pas échappé aux locataires de l'Élysée, vigilants face à toute concurrence potentielle. « Le ministère de l'Économie et des Finances est une toute-puissance. Il y a très peu de sujets qui ne soient réglés sans que le ministre soit concerné », constate Raymond Soubie. « À Bercy, tout est concentré, les ministres, les ministères et les administrations, les échanges se font rapidement. Il y a un esprit, une force de Bercy, analyse François Hollande. Le cerveau de l'État y est installé. Dans un État qui s'est beaucoup affaibli, avec des ministères qui se sont effacés dans le débat public, comme le ministère de l'Équipement, Bercy est devenue l'administration la plus forte, la plus équipée intellectuellement, la plus attractive pour les élèves qui sortent de l'ENA ou d'autres grandes écoles, et la plus puissante dans ses modes de décision. » On dit que, jeune, François Hollande rêvait d'être ministre des Finances…

Malgré l'indépendance de la Banque de France en 1994, malgré l'importance prise par les institutions européennes, notamment la Commission et la Banque centrale, le ministère des Finances a conquis en quelques années une surface politique qu'aucun autre ministère n'apporte. Même pas Matignon.

« Matignon n'a pas de superficie internationale, regrette un ancien conseiller. Contrairement au ministre des Finances, le Premier ministre n'a que peu de contacts avec les décideurs étrangers et ne siège pas dans les instances européennes, il n'accompagne pas le président au G7, au G20, dans les négociations financières ou économiques, aux sommets de la zone euro. Sur ces sujets, Bercy ne réfère qu'à l'Élysée. »

De l'international à l'ultra-quotidien, Bercy gère tout, des traités commerciaux au prix de la baguette de pain, de la concurrence entre opérateurs téléphoniques et entre influenceurs à l'impôt sur le revenu et au prix de l'essence sans plomb. « Quoi qu'il se passe dans la vie économique et sociale du pays, Bercy *is watching you* », prévient Pierre Moscovici, ministre de l'Économie et des Finances de François Hollande. Tous les ministères techniques (Transports, Énergie, Agriculture) doivent passer sous les fourches caudines de Bercy. Outre les arbitrages précédant la présentation à l'automne du projet de loi de finances pour l'année suivante, les *reportings* sont récurrents. Tous les mois, les ministres de l'Économie et du Budget, ou leurs collaborateurs, tiennent des réunions sur la trajectoire des finances publiques, sur les augmentations budgétaires demandées par les autres ministères et par le président lui-même. C'est Bercy qui tire la sonnette d'alarme, « ce qui donne un levier politique important sur les capacités à négocier ».

Surtout, Bercy a une vision globale dont aucun autre ministère ne peut s'enorgueillir. « Le ministre participe aux conseils de défense ; il participe par ses déplacements, ses contacts avec des grands patrons internationaux, aux mutations mondiales. Cette position-là, aucun autre ministère ne vous la donne dans le système français », argumente un conseiller de Bercy. Ce sont, en effet, les hôtes de Bercy qui siègent aux conseils des ministres des Finances en Europe, qui jouent leur crédibilité personnelle et s'attellent aux négociations, qui voient les marges de manœuvre acceptées ou non par les partenaires européens. C'est le ministre des Finances qui a les contacts avec les grands banquiers, avec les créanciers qui détiennent la dette de la France, c'est lui qui a le savoir et le pouvoir de dire : « Ça suit, ça ne suit pas » ou : « Ça suivra moins », aux autres ministères mais aussi à Matignon et parfois à l'Élysée. Le psychodrame politique qu'a constitué le gouvernement Barnier prouve à quel point Bercy est devenu un lieu politique. Si Michel Barnier et ses ministres sont tombés sous les coups d'une motion de censure de toutes les oppositions, c'est parce que le Budget de 2025, préparé, arbitré et présenté par Bercy, était contraire à ce que souhaitaient le NFP et le RN. Même psychodrame avec le Budget 2026, qui a vu le sort du gouvernement Lecornu II suspendu au bon vouloir du PS. Le Budget, plus que jamais depuis le constat d'un déficit et d'une dette abyssale, constitue l'acte politique majeur et le ministère de l'Économie et des Finances, le point d'origine et de convergence des souhaits et des contraintes de toute la vie politique du pays.

« Bercy n'occupe pas la même représentation mentale dans le jeu politique et administratif que les autres ministères, décrypte un ancien conseiller de l'exécutif. Quand vous êtes à Bercy, vous êtes de fait incontournable car toute décision, d'une manière ou d'une autre, peut avoir un impact budgétaire ou un enjeu fiscal et peut modifier une réglementation économique. Il faut une convergence de vues totale entre l'Élysée et Bercy. Sous le quinquennat, c'est vraiment un couple exécutif bis. En cas de divergence avec le président, comme entre Hollande et Montebourg, le ministre ne tient pas longtemps. Les enjeux sont trop lourds pour que l'équilibre gouvernemental le supporte. »

Même si une fois nommés à Matignon, Michel Barnier et François Bayrou ont pu laisser penser qu'ils reprenaient les commandes, c'est toujours Bercy qui détient les clés de la maison. Bercy devenu objet de fantasme au fur et à mesure que son pouvoir s'impose. « Dans l'obscure psychologie des masses, le ministre des Finances évoque aussi bien le mythe du père, qui refuse et qui sévit, que celui de la mère, symbole de vigilance bénéfique, seule à délier les cordons de la bourse dans la plupart des foyers français[6] », analyse Dominique Leca.

Pour de nombreux acteurs et observateurs, Bercy est plus que jamais un « empire ». Il y a une réelle supériorité de Bercy « parce qu'il détient la clé de tous les possibles et ouvre à la jeunesse un avenir nettoyé d'illusions, donc libre ; parce qu'il incarne l'intendant familial, le bon père de famille au niveau national, en ce qu'il gère les caisses de la nation et les problèmes financiers collectifs du pays », explique Julien Defline[7].

Supériorité aussi de Bercy, « parce que, poursuit l'auteur, l'essence même de sa fonction réside dans la conservation des équilibres fondamentaux du pays dans l'ordre économique et financier ». En quelques années, Bercy s'est forgé une personnalité à part entière, une aura auxquelles nul autre, au sein d'un gouvernement, ne peut prétendre.

Elysée-Bercy, un couple moteur

Comment s'étonner, dans ces conditions, que le moteur de la machine d'État se déplace de Matignon à Bercy ? Comment s'étonner aussi que l'Élysée s'échine à garder la maîtrise, par la force ou par la persuasion, de ce nouveau challenger ?

« Bercy est un lieu stratégique pour le président parce que la gestion des finances publiques est souvent surdéterminante dans les choix politiques. Des marges de manœuvre budgétaires dépend la possibilité pour le chef de l'État de mettre en œuvre son programme », décrypte Boris Vallaud. Le député socialiste connaît bien ces lieux de pouvoir puisqu'il a été directeur de cabinet d'Arnaud Montebourg à Bercy puis secrétaire général adjoint de François Hollande. L'avantage relatif du ministre des

Finances sur le chef de l'État serait, selon lui, « d'autant plus grand que l'Élysée ne dispose pas d'administration. Quand on regarde la structure du cabinet du président de la République, on voit que c'est le domaine réservé qui prime. On y trouve un cabinet militaire, une cellule diplomatique, mais pour toutes les autres questions, les conseillers sont peu nombreux ».

Si Bercy s'apparente à une forteresse, l'Élysée se rapproche plus d'un village Potemkine. Derrière les façades cossues du 55, rue du Faubourg-Saint-Honoré, après la cour et le vestibule d'honneur, dans les salles d'apparat et les salons de travail, comme le fameux Salon vert où le chef de l'État tient ses réunions restreintes, le vernis s'écaille. « L'Élysée est une caserne avant d'être un palais, souligne Camille Pascal, ancien conseiller de Nicolas Sarkozy. Tout y est aux mains des militaires. [...] Ce sont eux qui occupent le château. Ils sont partout. Les chauffeurs de la régulation, les huissiers, les majordomes, les maîtres d'hôtel, les garçons de vestibule sont en fait des gendarmes. Le cabinet du président de la République n'est en réalité rien d'autre qu'une bande d'appelés du contingent perdus au milieu d'un camp militaire[8]. »

Au premier étage, c'est le bureau du chef de l'État et de ses deux principaux collaborateurs dont celui du secrétaire général, un des hommes les plus influents de l'État, comme Alexis Kohler, resté auprès d'Emmanuel Macron jusqu'au printemps 2025. Un proche auquel a succédé Emmanuel Moulin, ex-directeur du Trésor et ancien directeur de cabinet de Bruno Le Maire à Bercy. Un orfèvre, donc, dans la chose économique et financière. Face à la force de frappe de Bercy, le président n'est jamais trop prudent… Au 2e étage, trois autres collaborateurs. Au total, une poignée de conseillers travaillent sous le même toit que le président alors que les autres sont dispersés autour de deux anciennes cours de service, à l'est et à l'ouest du Palais. Certains sont même logés rue de l'Élysée dans un de ces bureaux que la présidence doit louer, faute de place.

PARTIE III

Chapitre 4

L'administration, pouvoir ou contre-pouvoir ?

« En France, on parle d'efficacité de l'État, de transparence dans la gestion des deniers publics, de réactivité plus grande de l'administration. Chacun y va de ses propositions. Mais réduire le nombre d'emplois publics n'est que la dernière extrémité », fait remarquer Jean-Claude Beaujour. Rien de commun avec le projet que Trump et Musk ont tenté d'établir aux États-Unis : trancher dans les effectifs des fonctionnaires fédéraux.

Touche pas à mon fonctionnaire !

En dépit des promesses électorales des candidats de droite et du centre, des sonnettes d'alarme tirées par la Cour des comptes ou les commissions des finances parlementaires et des rappels à l'ordre de la Commission européenne et des agences de notation, rien n'y fait ! La France est récalcitrante à toute réduction du nombre de fonctionnaires. Entre 1997 et 2022, les effectifs des trois fonctions publiques ont augmenté de plus d'un million de personnes, estime l'association Finances publiques et économie (Fipeco). « Cela correspond à une hausse de 23 % alors que les effectifs dans le secteur privé ont augmenté de 18 % et la population, de 14 % sur cette période », détaille François Ecalle, son président. En tête, les collectivités locales, avec une augmentation de 46 % entre 1997 et 2022, puis la fonction publique hospitalière (+ 36 %) et enfin, celle de l'État (+ 7 %). Que le gouvernement ou le président soit de droite ou de gauche, le nombre d'agents publics croît. 386 000 personnes pendant la cohabitation Chirac-Jospin, 329 000 durant le second mandat de Chirac, 17 000 sous Nicolas Sarkozy, 145 000 durant la présidence Hollande, 178 000 agents pendant le premier quinquennat Macron.

Après l'envolée des dépenses publiques due au « quoi qu'il en coûte » et à la lutte contre l'inflation, les derniers budgets se sont voulus plus rigoureux. Tous les ministres qui se sont succédé à Bercy sous le second mandat d'Emmanuel Macron ont affiché leur volonté de diminuer les dépenses et de couper dans les effectifs. Mais la raison politique l'a, à chaque fois, emporté sur la logique financière : si certains contractuels n'ont pas été renouvelés, ce sont les agents non publics des administrations périphériques. « Suppressions d'emplois publics à la hache ou à la tronçonneuse, remise en cause du statut, ces méthodes ne verront pas le jour en France en dépit des mécontentements », pense Jean-Claude Beaujour.

Pour les retraites la même timidité règne. Pour les organisations syndicales réunies en « conclave » avec les représentants du patronat pendant trois mois jusqu'en juin 2025 pour remettre sur le métier la réforme des retraites de 2023, il n'est pas question d'inscrire au menu le régime des fonctionnaires. Même s'ils les dénigrent, les Français savent combien les fonctionnaires leur sont utiles et protègent les services publics grâce à leur statut, qui a contribué à construire une fonction publique fondée sur le principe d'égalité, de non-discrimination, et à des syndicats puissants…

L'administration : le vrai contre-pouvoir

Aux États-Unis, ce sont le Congrès et les Cours suprêmes, ainsi que les réseaux associatifs, citoyens ou religieux, et les médias qui constituent des contre-pouvoirs à la Maison-Blanche. En France, le Parlement, même en cas de majorité relative, pèse peu face à l'exécutif. Des juridictions comme la Cour des comptes, le Conseil d'État ou le Conseil constitutionnel, des institutions comme le ou la Défenseur(e) des droits, cherchent avec plus ou moins de succès leur place face à l'Élysée et au gouvernement. En revanche, l'administration, aux membres quasiment intouchables, et particulièrement celle de Bercy, joue un rôle de frein à toute dérive de l'exécutif.

Jean-Claude Beaujour pointe la différence avec le modèle américain, où les pouvoirs des États et ceux du gouvernement fédéral de Washington se concurrencent ou se renvoient les responsabilités. « Une preuve : les dysfonctionnements, à l'automne 2024, dans la gestion des feux de forêt en Californie avec la mise en cause du gouverneur de Californie par le président américain. Ou encore la polémique autour des pompiers. »

« En France, poursuit cet expert, la place de l'État comme pilier de notre organisation sociétale et le statut de la fonction publique sont des filets de sécurité contre les trumpistes en herbe. » La stabilité des agents est en effet assurée face au défilé des gouvernements, ce qui contribue au respect des principes fondamentaux.

Le mardi 16 juillet 2024 est une journée particulière. Le gouvernement Attal n'est plus et il n'y a personne en perspective pour le remplacer. Gabriel Attal a donné sa démission après l'élection de la nouvelle Assemblée née de la dissolution, au sein de laquelle aucun parti ne se détache. Le jeune ex-Premier ministre conserve cependant la mission de gérer les affaires courantes en attendant que les vacances s'achèvent, que les JO de Paris, en août, et peut-être même les Jeux paralympiques, en septembre, ne tirent le rideau et que toutes les lumières ne s'éteignent.

Pourtant, le spectacle continue. Comme tous les étés, le budget doit être préparé et négocié ministère par ministère, alors que les grands prêtres et les officiants de ce rituel ont déserté. La plupart des ministres et leurs conseillers bouclent leurs cartons. Bruno Le Maire, le ministre de l'Économie et des Finances, n'a peut-être pas rempli sa mission – redresser les finances publiques – mais il a fait son devoir : envoyer aux ministres leurs lettres plafonds pour 2025 afin de tenter de contenir à 5,1 % du PIB le déficit public.

Pourtant, si les ministres et leurs cabinets commencent à tirer leur révérence, la machine de l'État, elle, n'est pas à l'arrêt. Malgré ce *no man's land* politique, les moteurs de Bercy continuent de tourner. La puissante direction du Budget veille au grain. Elle n'est pas la seule administration à travailler en coulisse. À quelques mètres, d'autres fonctionnaires préparent ce qui doit servir d'ossature au futur gouvernement. La direction du Trésor, celle de la Législation fiscale ainsi que celle de la Sécurité sociale sont chargées d'élaborer les budgets du pays, budget de l'État, budget des collectivités locales et budget social. Mais sur quels scénarios économiques et financiers ? Et surtout sur quelle ligne politique ?

Gabriel Attal, mécontent de la liberté prise par Bruno Le Maire avant son départ du ministère, a récupéré les lettres plafonds et appelé tous les agents des différentes directions afin de reproduire les crédits de l'année 2024. En attendant la nomination d'un nouveau gouvernement… Déjà des voix, notamment à gauche, avec le NFP, estiment que ce n'est pas au gouvernement sortant et vaincu de décider de l'avenir de la nation.

Connaissant les chausse-trappes législatives, voire constitutionnelles, qui empêcheraient la France de fonctionner, les grandes directions de Bercy, aussi discrètes que puissantes, peaufinent les textes donnant à l'État, même sans personne ou presque aux commandes opérationnelles, les moyens de tourner. Dès l'été, alors que les bureaux ministériels s'assoupissent, ces administrations mettent au point une « loi spéciale » qui leur permettrait, en cas de carence gouvernementale ou de budget non adopté, de prélever l'impôt, de payer les fonctionnaires et d'honorer les contrats publics déjà signés. Il ne peut pas y avoir de *shutdown* en France, comme aux États-Unis, où, faute de vote du budget, les fonctionnaires de Washington peuvent être contraints de quitter leurs bureaux pendant quelques jours voire quelques semaines, le temps de ramener à la raison les *congressmen* du Capitole.

En cet été 2024, les directions du ministère de l'Économie et des Finances se livrent donc à un exercice d'équilibrisme qui s'avérera bien utile après le renversement de Michel Barnier, la nomination de François Bayrou et la constitution de son gouvernement : il a fallu attendre le 17 février 2025 pour que le budget pour l'année en cours soit adopté et mis en œuvre.

Le dilemme de Bercy : servir le pouvoir ou l'exercer ?

Ce jeudi 23 février 2023, alors que le pouls de la France bat au rythme de la réforme des retraites, une commission d'enquête sur la rénovation énergétique reçoit dans l'amphithéâtre du palais du Luxembourg Nicolas Hulot, l'ancien ministre de la Transition écologique et solidaire. Sa démission fracassante, en septembre 2018, ne laisse pas, cinq ans plus tard, d'interroger.

Ce 23 février 2023, devant les sénateurs, l'ex-producteur télé lèvera peut-être le voile sur les véritables raisons de son départ du gouvernement. Hulot est appelé à témoigner et à expliquer pourquoi, selon lui, les politiques publiques en matière de rénovation énergétique ne parviennent pas à atteindre leurs objectifs. Sur l'estrade, il répond aux questions de la présidente de la commission, Dominique Estrosi-Sassone, sénatrice LR des Alpes-Maritimes, et à celles du rapporteur, l'écologiste Guillaume Gontard. Si tous les élus de la chambre haute s'accordent à reconnaître à la rénovation des immeubles une importance majeure dans la lutte contre le réchauffement climatique, nul n'est capable d'expliquer le retard de la France.

« Votre sujet est un sujet central, déclare Nicolas Hulot. On essaie toujours de trouver un ou une coupable. Dans le domaine de l'écologie, combien ai-je vu de plans, d'objectifs, d'engagements ? » Pour lui, ce n'est ni le manque de volonté politique, ni le poids des lobbies qui expliquerait les « pierres d'achoppement ». « S'il y a un domaine où je n'ai pas souffert des lobbies, c'est celui-là. » Le verdict de Nicolas Hulot finit par tomber : le coupable, c'est Bercy. « Vous arrivez avec une vision, une méthode, mais chaque décision est suspendue, et c'est normal, à l'arbitrage de Matignon et de Bercy. Un jour, j'annonce un plan hydrogène, avec un budget sur mon propre ministère, et il est immédiatement démenti par une dépêche [...]. Il y a besoin qu'à Bercy les choses soient suivies et qu'un engagement ne soit pas celui d'un ministère mais celui de l'État. »

Mais ce pouvoir est-il légitime ? Est-il même utile ? Et qui commande à Bercy ? « Bercy est-il un lieu d'exercice du pouvoir ou d'abus de pouvoir ? », questionnait déjà Michel Sapin en 1994, dans la revue *Pouvoirs*.

À ces questions, le second président socialiste de la République apporte une réponse clinique. « Les ministres, les Premiers ministres et les présidents de la République passent. Pas les fonctionnaires, qui restent des années. Ils inspirent et influencent les politiques de plusieurs manières : soit par la pensée, c'est Bercy qui énonce les ajustements que les politiques vont suivre, soit par les masses financières en question, puisque c'est de Bercy que va s'arbitrer le Budget. Enfin, c'est de Bercy que viennent la plupart des hauts fonctionnaires. C'est Bercy qui pense et qui agit. Quelquefois pour impulser une politique, quelquefois pour la ralentir. »

Ralentir. Les cabinets sont, de fait, devenus les véritables leviers du pouvoir de l'administration sur les ministres. Mais au nom de quelle légitimité ? « Quand un ministre est nommé, il est tout heureux. Il se dit qu'il va diriger le monde, se souvient Pascal Lorot, conseiller d'Edmond Alphandéry, ministre de l'Économie d'Édouard Balladur, entre 1993 et 1995. Mais très vite, il va comprendre que ses marges de manœuvre sont étroites et limitées à la communication. Le dircab, c'est l'Élysée qui le choisit au sein des grands corps. Ses conseillers techniques, c'est le dircab, poussé par l'administration, qui les impose. »

Une dizaine d'années plus tard, les choses n'ont pas changé. Francis Mer, grand patron nommé à la tête de Bercy, s'est vu conseiller par Jean-Pierre Jouyet, alors directeur du Trésor, de s'entourer de deux inspecteurs des Finances, Xavier Musca comme directeur de cabinet et François Pérol comme adjoint, l'un et l'autre devenus des piliers du sarkozysme. Jean-Pierre Jouyet lui-même, nommé directeur adjoint du cabinet de Lionel Jospin à Matignon, n'a pas échappé à la mainmise de la haute administration de Bercy. À peine installé, il est contacté par la très influente Amicale du corps des Mines. Son rôle ? Placer ses troupes dans les cabinets, les directions d'administration centrale et la haute industrie. L'Amicale « m'envoie d'abord un polytechnicien tout juste trentenaire puis au départ de celui-ci la normalienne Isabelle Kocher, devenue à la tête d'Engie la première femme patronne d'un groupe de CAC 40, raconte Jean-Pierre Jouyet. Les cabinets ministériels servent de rampe de lancement aux fonctionnaires afin qu'ils bénéficient de promotions accélérées dans différentes administrations ou qu'ils puissent aller dans le privé[1] ».

Ces parcours entre l'administration et la sphère politique ne sont pas sans risque déontologique. « Le problème, pointe Pascal Lorot, c'est que les conseillers sont des gens très intelligents mais ils ont une double allégeance : politique avec le ministre, et une encore plus grande à leur corps d'origine. Leur objectif, c'est de servir le ministre, mais c'est une mission qui va durer deux ou trois ans. Leur véritable ambition, c'est de retourner dans leur corps d'origine en prenant du galon. Les conseillers qui ont fait les grands corps ne vont pas le reconnaître car ils pensent servir l'intérêt général mais, en fait, ils servent en priorité leur corps et leur carrière. Entre les deux, ils choisiront leur direction d'origine ou celle où ils souhaitent, le moment venu, atterrir. »

Au-delà de leur carrière, ces conseillers servent aussi une « vision du monde » très spécifique à Bercy qu'ils introduisent dans le processus de décision. Jean Arthuis, aux commandes du ministère entre 1995-1997, se souvient, avec amertume et colère, comment l'administration a bloqué la réforme de la direction du Trésor qu'il s'apprêtait à ouvrir. L'objectif était de faire respecter par les fonctionnaires quelques règles déontologiques comme l'édiction de certaines incompatibilités. Il souhaitait s'assurer que l'administration du Trésor était bien au service du financement de l'économie… Une hérésie pour de nombreux agents ! Il fallait, écrit le ministre, « effacer toutes les présomptions de clans, de carriérisme, de luttes de pouvoir et de mélanges des genres[2] ». L'ancien hôte de Bercy dénonce la direction, la qualifiant de « légion romaine » et d'« étouffoir ». « Les directeurs d'administration et les conseillers du ministère cherchent par tout moyen à imposer leur pensée, conduisant même à élaborer des stratagèmes afin que le ministre signe sans le savoir des documents relatifs aux orientations que l'administration souhaite prendre », fulmine encore Jean Arthuis. Dès sa prise de fonction, l'ancien ministre doit, en effet, signer des masses de parapheurs sans les analyser ni même en prendre connaissance. La technostructure de Bercy lui remet le « dossier ministre » regroupant toutes les réformes que l'administration du ministère souhaite mettre en œuvre.

Une vingtaine d'années plus tard, Pierre Moscovici, ministre de l'Économie et des Finances entre 2012 et 2014, a vécu des moments identiques. « J'ai moi-même éprouvé cette déficience » à Bercy, reconnaît-il au début du quinquennat d'Emmanuel Macron. Quand il arrive à Bercy, le 17 mai 2012, il trouve, lui aussi, sur son bureau du 6e étage, le « dossier ministre », préparé par la direction du Trésor. « Ce dossier, se souvient-il, a la particularité d'être horizontal, en ce qu'il pénètre tous les secteurs de la machinerie, fait le point sur tous les problèmes en cours, souligne les dangers et indique gentiment au ministre non pas ce qu'il doit faire, mais les contraintes dans lesquelles se déploie son action, la première étant européenne. » Si le ministre s'exécute, l'administration a gagné. Elle aura réussi à faire peser sur le ministre une contrainte non négligeable en matière d'élaboration des politiques financières. Mais « si le ministre refuse de se soumettre, l'administration peut parfois conduire au départ du ministre des Finances », avance le chercheur Julien Defline.

Christian Sautter a vécu une telle passe douloureuse. Ministre de Lionel Jospin, ce polytechnicien avait mis en chantier une réforme du ministère des Finances, avec un commencement de rémunération au mérite. Il n'en a pas fallu plus aux syndicats pour se mettre en grève et pousser à l'éviction du ministre quatre mois seulement après sa nomination. Christian Sautter n'était pourtant pas un amateur dans la chose budgétaire et l'exercice gouvernemental. Il avait été, entre 1988 et 1990, secrétaire général adjoint de François Mitterrand, à l'Élysée, puis secrétaire d'État au budget au début de la cohabitation Chirac-Jospin, avant d'être propulsé sur la plus haute marche du podium « bercyen ». « Ce sont les inspecteurs des Finances qui pondent l'ensemble des politiques à Bercy, glisse l'un de ses conseillers. Ensuite, elles sont portées par les ministres. » Lâché par Lionel Jospin, soucieux de paix sociale, Christian Sautter fait, lors de la cérémonie d'adieux, une autocritique très diplomatique. « J'ai tenté une réforme ambitieuse mais j'ai sous-estimé le conservatisme des syndicats. »

Même sous l'hyperprésidence de Nicolas Sarkozy, le rapport de force balance, souvent, en faveur de Bercy. « Les directeurs de cabinet demeuraient très dépendants de l'expertise de la Direction générale des finances publiques et, au sein de celle-ci, de la direction de la législation fiscale, à la fois pour l'écriture des mesures, leur évaluation et leurs effets. Et contrairement à d'autres pays européens, il n'y a pas de réel contre-pouvoir d'évaluation des mesures fiscales, de la part du gouvernement ou du Parlement. »

La pensée unique de Bercy

Le statut très prometteur d'autoentrepreneur, même si ses effets pervers ont été critiqués par la suite, a ainsi failli ne jamais voir le jour. Ce statut contrevenait à toute la doctrine de Bercy dans la mesure où l'entrepreneur ne commençait à payer ses charges qu'une fois l'activité lancée. Un membre du cabinet d'Hervé Novelli, le ministre qui, en 2009, a été à l'origine de ce dispositif, décrit « une bataille de tous les jours avec les administrations ». Car, pour

Bercy, toute création d'entreprise devait, avant même que l'activité ne commence, s'accompagner du versement de charges sociales forfaitaires, position que la forteresse justifiait par le fait que payer ses cotisations avant même d'avoir encaissé un sou donnerait droit immédiatement à une couverture sociale pour l'entrepreneur.

L'administration craignait que la déclaration comme autoentrepreneur se fasse uniquement dans le but de bénéficier de la protection sociale, sans avoir à déclarer de chiffre d'affaires ; en clair, qu'elle ne favorise une économie souterraine. « Déjà, lors des réunions interministérielles, ajoute ce conseiller qui, aujourd'hui, travaille pour un grand cabinet d'avocats, je me faisais engueuler par le directeur de cabinet d'Éric Woerth, le ministre du Budget à l'époque, qui n'a été sur ce dossier que le strict reflet de son administration. » Le projet de loi, pourtant, a finalement été voté. Mais grâce à la mise en œuvre d'un subterfuge de procédure ! « C'est un miracle qu'on ait réussi à le sortir, se réjouit l'avocat. On a dû passer par les Urssaf, c'est-à-dire le ministère des Affaires sociales, et donc contourner Bercy, pour réaliser l'opération. »

Fin 2024, c'est de nouveau le statut d'autoentrepreneur qui a failli faire les frais des obsessions « bercyennes ». Il s'agissait, cette fois, d'abaisser drastiquement le plafond du chiffre d'affaires au-dessus duquel une autoentreprise n'est plus exonérée de TVA. Cette mesure technocratique prise au nom des règles européennes et de l'égalité de traitement entre autoentrepreneurs et artisans était propre à fragiliser les 2,5 millions de petites entreprises et d'associations et qu'avaient réussi à imposer les experts des administrations à des ministres peu avertis. Cette mesure, finalement, face au tollé, a dû être retirée par Éric Lombard, ministre de l'Économie à l'époque…

Car Bercy, en connivence avec les cabinets ministériels, est orfèvre dans l'art de s'imposer face au ministre lui-même. Gérald Darmanin y a été confronté au moment de la mise en œuvre, en 2019, du prélèvement à la source. Il a fallu toute sa hargne pour vaincre l'opposition des directions concernées, qui conjuguent plusieurs atouts : un savoir technique remarquable qui tranche avec les compétences des ministres, souvent très politiques, une stabilité qui fait de l'administration une puissance tellurique face aux vagues de l'instabilité gouvernementale et un « langage bercyen » qui déstabilise la plupart des détenteurs du portefeuille ministériel… « Le nombre d'acronymes, de sigles, de termes techniques utilisés par les membres du ministère peut être de nature à fausser les échanges, notamment lorsque le ministre des Finances est davantage un politique. Ce langage, qui peut avantager le ministre des Finances face aux ministres "dépensiers", peut également accentuer le caractère coercitif de son administration », dénonce Julien Defline.

Même des ministres énarques et normaliens comme Bruno Le Maire l'avouent : « À aucun autre poste, pas même à la direction du cabinet du Premier ministre, il ne m'a autant été donné d'apprendre. Dans les premières réunions de 2017, quand un chef de bureau me parlait des ratios de solvabilité, des règles de Bâle III, de coussins prudentiels, de dette subordonnée ou de produits sous-jacents, il me semblait avoir devant moi un Iroquois… »

Bercy a su cultiver une vraie doctrine interne au ministère, voire une forme de « pensée unique », qui lui permet d'endormir ou de duper celui qui est censé lui donner des ordres. Issus des mêmes formations à la structure intellectuelle harmonisée, les membres de l'administration du ministère pensent d'une manière particulière et ont un avis arrêté sur les choix politiques que le ministère devrait faire. Pierre Moscovici confesse avoir dû affronter son administration, qui peut parfois « paraître arrogante, dure, rigide voire hostile aux projets politiques progressistes. Son inclination spontanée la pousse plutôt au conservatisme. Ainsi en va-t-il des arbitrages budgétaires qui ont tendance à cibler prioritairement toutes les politiques publiques à finalité sociale, environnementale ou éducative, et de beaucoup de notes du Trésor qui vont toujours, au nom de l'exigence des réformes structurelles, dans le sens du libéralisme économique et de la dérégulation. »

C'est un hommage « de la vertu au vice » que rend, en avril 2025, la commission d'enquête sur le dérapage des finances publiques. Alors que Bruno Le Maire avait bâti son budget 2024 sur un déficit de 4,4 % du PIB, l'embardée budgétaire a été de 5,8 %, soit une différence de 40 milliards d'euros. Si les responsabilités politiques ne sont pas tranchées, ce sont les cadrages de l'administration, très présente et très pressante, que les parlementaires pointent du doigt. Pour les membres de la commission, les fonctionnaires de Bercy avaient établi des « biais optimistes » sur lesquels se sont appuyés Élisabeth Borne et Gabriel Attal. Pour Éric Ciotti, l'un des co-rapporteurs, ces chefs de gouvernement seraient coupables d'« irresponsabilité » et d'« inaction ». « Les ministres ont refusé d'endosser la responsabilité des prévisions réalisées par leurs administrations. C'est pourtant le rôle même d'un membre de l'exécutif : challenger les prévisions des administrations, arbitrer mais aussi assumer ses décisions. »

Bercy abuse-t-il de son pouvoir ?

Dans ce bras de fer entre l'administration et l'exécutif, entre les puissantes directions de Bercy et le ministre responsable des deniers publics, ce ne sont pas toujours les premières qui l'emportent.

Pour Véronique Bied-Charreton, « les décisions restent politiques, surtout en matière de fiscalité, qui relève par excellence du champ législatif et parlementaire. De manière générale, les projets de réforme sont commandés par le politique. Je n'ai jamais vu l'administration de Bercy ne pas appliquer une décision politique ». Celle qui a été surnommée « Madame Impôt » insiste : « Globalement, l'administration se donne les moyens pour que les promesses électorales des présidents soient adoptées, même s'il y a des risques d'inconstitutionnalité. » C'est ainsi que le projet de François Hollande de taxer à 75 % les plus hauts revenus, malgré les sonnettes d'alarme, a été voté (puis censuré par le Conseil constitutionnel).

Certains ministres, comme Michel Sapin, n'hésitent pas à remettre en cause leurs collègues dans cette lutte sourde entre le politique et l'administration. « Puisque Bercy est solide et efficace, il faut que les responsables politiques apprennent à en avoir la maîtrise. L'autocratie administrative de Bercy, lorsqu'elle existe, et elle existe parfois, n'est pas le fruit d'une malignité de ses cadres administratifs dont il faudrait leur tenir rigueur ; elle est la conséquence d'une absence de clarté, d'un refus de décider, ou d'un manque de volonté dans l'action du ministre. »

La naissance de l'Union économique et monétaire, en 1992, marque, selon ses pères, un tournant. Le président François Mitterrand s'engage pleinement pour le traité de Maastricht et pour le « Oui » au référendum, mais les marchés financiers voient d'un mauvais œil la monnaie unique qui leur ôte la possibilité de jouer sur les taux de change. « Une spéculation massive s'est alors opérée pour faire grimper le mark au détriment du franc, se souvient Michel Sapin, ministre à Bercy à ce moment clé. La France et l'Allemagne pouvaient alors décider de lancer une contre-offensive en dépensant des milliards pour sauver le franc. » Ce grand amateur de monnaies antiques décide d'aller voir François Mitterrand et de l'alerter sur les menaces qui pèsent sur l'économie française. « Je ne comprends rien à ce que vous dites, lui rétorque alors le chef de l'État. L'important, c'est que le couple France-Allemagne se fasse et on le fera. » « À partir de là, la vision politique a pris le pas sur les marchés et les administrations. Ma relation avec Pierre Bérégovoy, alors à Matignon, était sincère mais c'est ma relation avec le président qui a fait la force politique du projet et de mon action. D'autant plus que Pierre Bérégovoy flanchait face à l'offensive contre notre monnaie et s'interrogeait sur le bien-fondé de la contre-offensive que nous menions avec l'Allemagne. Le directeur de la Banque de France, Jacques de La Rosière, et celui du Trésor, Jean-Claude Trichet, étaient, eux aussi, très sceptiques. Pierre Bérégovoy m'a donné finalement son feu vert car il savait que François Mitterrand était d'accord. »

Il n'y aurait donc pas d'abus de pouvoir des fonctionnaires, aussi « haut » placés soient-ils, mais des excès de faiblesse des ministres… Michel Sapin pointe notamment du doigt Arnaud Montebourg, ministre frondeur qui, entre 2012 et 2014, a fait de Bercy une tribune politique en faveur d'un *made in France* aux relents antieuropéens suspects. « Si Arnaud Montebourg n'a pas su imposer sa vision politique, c'est qu'elle et sa fougue dévastatrice ne collaient pas avec le choix de la France en Europe. Les ministres qui reprochent à l'UE son idéologie libérale reprochent en fait à la France d'être pro-européenne. En outre, l'Europe n'interdit pas la régulation dans le domaine financier ou du commerce extérieur. Même s'il est vrai que les administrations sont restées pendant dix ans, de 1992 à 2012, sans la gauche et que le personnel de Bercy qui s'est renouvelé pendant cette période soit plutôt teinté de libéralisme. En outre, ajoute l'ancien ministre, Bercy peut être parfois un peu étatique. Parfois, c'est moi qui ai mis le holà à la volonté interventionniste de Bercy. »

Dès son arrivée à Bercy, d'abord comme ministre du Redressement productif puis de l'Économie, Arnaud Montebourg, avec la flamme d'un ténor des prétoires, a pris pour cible la direction du Trésor l'accusant d'avoir des idées surannées. Tout en reconnaissant la compétence de ce prestigieux organisme, il lui reprochait « ses vieilles recettes éculées de Raymond Barre », Premier ministre de Valéry Giscard d'Estaing de 1976 à 1981, ministre de l'Économie et des Finances de 1976 à 1978. « Nous avons besoin qu'ils prennent l'air intellectuellement », déclarait encore Montebourg.

C'est la stature du ministre qui fait plier, ou pas, l'administration. « Il est vain de cacher que la personnalité d'un ministre, son comportement, son expérience, son caractère, sa préférence pour le travail de fond plutôt que pour son image, la permanence et la continuité de ses modes d'action et de réaction, son originalité et la spécificité de sa manière d'être et de dépendre du système politique joueront un rôle déterminant dans son influence politique et sa reconnaissance comme chef d'une administration », insiste, dans la revue *Pouvoirs*, Alain Lambert, ministre délégué au Budget entre 2002 et 2004.

Ainsi plus le ministre est faible, plus il est écrasé par son administration. Plus il est fort, plus il peut s'imposer face à elle. Les ministres les plus respectés ne sont pas les plus compétents, les plus techniciens. Ce sont les poids lourds de la vie politique, les politiciens hors pair qui réussissent le mieux à s'imposer, pour autant qu'ils possèdent de solides bases financières et budgétaires. À l'inverse, les ministres issus de la société civile paraissent plus vulnérables.

Éric Lombard se souvient avec bonheur des mois, entre 1992 et 1993, pendant lesquels il a conseillé Michel Sapin, ministre de l'Économie sous Pierre Bérégovoy et François Mitterrand. Pour lui aussi, un ministre a le pouvoir qu'il mérite. « Cette période à Bercy fut l'une des plus heureuses de ma vie professionnelle, estime-t-il. Nous avions la chance de travailler avec des équipes remarquables, notamment celle de la direction du Trésor, avec lesquelles nous entretenions des relations constructives. Nous avons pu mettre en route le projet de loi relatif à la prévention de la corruption et à la transparence de la vie économique et des procédures publiques, dite "loi Sapin". C'était un moment essentiel, puisque le gouvernement ne disposait pas d'une majorité stable. Avec Michel Sapin, j'ai appris comment un ministre devait être le chef de son administration. Il a toujours eu la double vision nécessaire à un bon ministre. Il faisait des choix de transformation, qu'il portait par des projets de loi. Mais il considérait aussi qu'il était le patron de son administration. Il parlait souvent à ses directeurs. Il s'occupait du fonctionnement interne de Bercy. »

Sarkozy empêché

Nicolas Sarkozy, lorsqu'il était à Bercy sous la présidence de Jacques Chirac, a suscité lui aussi la même révérence. « Lors des débats parlementaires et notamment des séances de QAG, Nicolas Sarkozy se plongeait très souvent dans la lecture d'un livre. Et pourtant, se souvient ce cador de Bercy, lorsqu'un député lui posait une question, il y répondait précisément et sans avoir lu les fiches que le service de législation fiscale lui avait préparées. Il connaissait ses dossiers sur le bout des doigts. »

Éric Woerth, ministre du Budget, des comptes publics, de la fonction publique et de la réforme de l'État de 2007 à 2010, partage ce constat. « Bercy est un endroit où il y a de très grandes compétences. Mais elles doivent être orientées par le politique. Une belle voiture qui ne sait pas où elle va ne sert à rien. Pour que cette machine aille où le politique le décide, il faut que le politique entre aussi dans la compétence technique. Si vous papillonnez, si vous restez à la superficie des problématiques, si vous n'avez que des éléments de langage issus de vos cabinets, vous n'obtiendrez aucun respect d'une administration qui se mettra alors en mode de résistance. Si vous comprenez ce qui se passe, si vous savez ce qu'est un budget, si vous êtes capable de parler avec des gens dont c'est le métier, un respect mutuel s'instaure entre le ministre et l'administration et alors on peut faire de belles choses. »

Pourtant, si l'une des réformes les plus « révolutionnaires » de Nicolas Sarkozy a été empêchée, ce n'est ni par la gauche, ni par une droite plus libérale, ni par le patronat… mais par l'administration de Bercy elle-même.

En février 2009, alors que la France, comme la plupart des États du monde, se débat dans la crise des *subprimes*, Nicolas Sarkozy, fidèle à son engagement de revoir les bases du système capitaliste, lance une réflexion sur le partage des profits. Ce projet ambitieux se résume à la « règle des trois tiers » : un tiers pour les actionnaires, un tiers pour les investissements et un tiers pour les salariés. Simple en apparence mais compliqué et conflictuel en réalité.

Les oppositions ne manquent pas. Le président doit, bien sûr, convaincre Laurence Parisot, la patronne du Medef, pour qui « les profits dans les entreprises doivent être divisés non par trois mais par deux, entre les dividendes et l'autofinancement ». Il doit aussi affronter sa propre ministre de l'Économie, la libérale Christine Lagarde, vent debout contre tout cadrage de la répartition des bénéfices d'une entreprise selon les critères privilégiés par le président.

Mais ce sont surtout les réserves très officielles exprimées par l'administration de Bercy que la tête de l'exécutif doit faire fondre. Le directeur général de l'Insee, pourtant sollicité par Sarkozy lui-même pour vaincre la perplexité de ses interlocuteurs, finit par rendre un rapport… accablant pour le projet présidentiel. Dans la mesure où 57 % des profits sont consacrés aux investissements, 36 % à la rémunération du capital et 7 % aux salariés, l'application de la « règle des trois tiers » nécessiterait de « tailler sévèrement dans les sommes consacrées aux investissements », détaille le document. Impensable pour les entreprises, pour le gouvernement, et même pour les syndicats et les économistes, qu'ils soient de droite ou de gauche…

Le chef de l'État, cependant, ne dépose pas les armes. C'est avec fougue que, lors d'une intervention télévisée, il défend ce qu'il croit être la solution de fond à la crise qui fragilise les fondements mêmes du système financier et capitaliste. « Le compte n'y est pas pour les salariés ! » s'enflamme-t-il. Il dénonce, dans le quotidien *Le Monde*, « le siphonnage des profits par les actionnaires ». Quelques jours plus tard, Nicolas Sarkozy convoque un sommet social et demande aux partenaires sociaux d'étudier la question des inégalités et de se pencher sur la répartition des profits. En avril, Frédéric Lefebvre, porte-parole de l'UMP, promet des propositions pour le mois de mai et rappelle que « Nicolas Sarkozy a répété qu'à défaut d'un accord entre partenaires sociaux, un projet de loi serait présenté à l'État ».

Rien n'y fait ! Organisations syndicales et patronales ne s'entendent pas. Le président a beau prendre sa plus belle plume pour aiguillonner les représentants des centrales salariés et du Medef et leur demander des propositions précises, l'initiative n'en finit pas de faire « pschitt ». Obstiné, le chef de l'État reçoit pendant l'été, à l'Élysée, tous les partenaires sociaux qui décident finalement d'ouvrir des négociations. Ces dernières s'enlisent à leur tour. Relancées par Nicolas Sarkozy, les discussions accouchent d'une souris, le partage obligatoire de la valeur ajoutée – et non plus des profits – s'est transformé en prime négociée pour les salariés. C'est peu, mais pour Nicolas Sarkozy, seul à la barre, c'est mieux que rien. « Sarkozy était très sincère car il avait conscience que le capitalisme traversait une crise majeure, témoigne Raymond Soubie. Mais sa volonté de le réformer arrivait en fin de mandat. En outre, l'administration y était plutôt opposée et a mis son holà. Cette réforme aurait exigé un travail gigantesque, technique et politique. L'administration a fait preuve d'une certaine aboulie. Et le projet n'a jamais abouti. »

Le dur apprentissage de Bruno Le Maire

Aussi jupitérien soit-il, Emmanuel Macron, bien qu'aguerri par les années passées à l'Inspection des finances, à Bercy puis à l'Élysée, a eu lui aussi quelque fil à retordre face à l'administration. Déjà à la recherche de nouvelles économies, Bercy a ainsi été à l'origine, à la fin 2017, d'une des premières fausses notes du gouvernement d'Édouard Philippe. Les dépenses budgétaires pour le logement étant très importantes – deux fois plus élevées que la moyenne de l'Union européenne –, l'aristocratie de la direction du budget, forte de son expérience face à la quasi-virginité des nouveaux venus de la macronie, tente, avec succès, de donner vie, dès le projet de loi de finances pour 2018, à l'une de ses obsessions récurrentes : la baisse des APL, les aides publiques au logement. Les « directeurs » déroulent alors une logique toute technocratique pour justifier ce coup de canif : cette baisse allégerait les charges financières de l'État et contribuerait, en diminuant le pouvoir d'achat des allocataires, à faire baisser ou à stabiliser les loyers… À les écouter, la baisse des APL serait presque une mesure sociale.

En 2013, sous François Hollande, les puristes de Bercy ont déjà voulu faire passer la mesure mais Bernard Cazeneuve l'a gelée. Une fuite selon laquelle une baisse des APL était à l'étude a soulevé l'ire de l'opinion. En 2016, Bercy revient à la charge et impose, cette fois, de prendre en compte le patrimoine des bénéficiaires pour le calcul de l'aide. Ce qui est fait. En 2017, les limiers du ministère ont plus de chance : le nouveau gouvernement est moins averti et, manquant de sens politique, n'imagine pas l'impact que peuvent avoir cinq euros en moins sur les fins de mois de la majorité des jeunes qui perçoivent l'allocation et… sur le climat politique. C'est une levée de boucliers généralisée, des partis de gauche, des associations d'étudiants mais aussi des organismes de HLM, contraints de baisser leurs loyers pour s'adapter à la demande. La mesure est pourtant validée et mise en œuvre. Pour Bercy, et les contribuables, c'est un milliard d'euros d'économie par an. Pour le président de la République qui, deux ans plus tard, échangera avec les étudiants de l'université Jules-Verne, à Amiens, les cinq euros d'APL, c'était « un boulet qu'il traînait ».

Première épreuve sociale pour Emmanuel Macron, Édouard Philippe et Bruno Le Maire : la crise des Gilets jaunes. Pour tenter de s'en extraire, Emmanuel Macron lâche du lest : il revient sur la hausse de la taxe carbone et sur celle de la CSG pour certains retraités et surtout il commence la « politique du chèque », qu'il réitérera lors de la pandémie du Covid et lorsque l'inflation fera un retour fracassant après l'invasion de l'Ukraine par la Russie. Pour le président, il est urgent de calmer ces classes « moyennes inférieures » qui, pendant plusieurs week-ends, ont enflammé la capitale, défilé dans des dizaines de villes de province et occupé des milliers de ronds-points. Le chef de l'État décide de distribuer 13 milliards d'euros, une somme déjà faramineuse mais qui semble peu à l'aune des centaines de milliards déversés lors du Covid.

Parmi les mesures destinées à soutenir le pouvoir d'achat des plus modestes, une « prime Macron » de 1 000 euros. Dans l'esprit de l'exécutif, sous la plume des journalistes et sur les ondes des médias audiovisuels, il s'agit de 1 000 euros nets, hors cotisations sociales, et défiscalisées. La prime, versée aux salariés touchant jusqu'à trois fois le Smic, est payée par les entreprises. Mais sa défiscalisation entraîne un petit manque à gagner pour le fisc. Au lendemain de l'annonce, le cabinet d'Édouard Philippe organise une réunion à Matignon avec la direction du budget. « Ce sera 1 000 euros brut », assènent les conseillers de la direction, bien décidés à rester les gardiens du temple des finances publiques envers et contre tous. Mais Édouard Philippe comme Emmanuel Macron et Bruno Le Maire ne veulent plus lésiner. Ils auront gain de cause.

« Un ministre de l'Économie et des Finances doit d'abord maîtriser son administration, qui est sans conteste l'une des plus efficaces et des plus puissantes de France, insiste Bruno Le Maire. Le nouveau venu ne doit pas s'attendre, en donnant des instructions à la Direction générale du Trésor, à la voir obtempérer, le doigt sur la couture du pantalon. Non que cette direction soit indisciplinée : elle a au contraire un respect profond de l'État dont elle est une de ses plus anciennes émanations. Mais au nom de l'État, elle bloquera des dépenses inconsidérées, elle pourra retenir des décisions qui grèveraient trop lourdement les finances publiques, elle saura prouver que telle politique a un coût budgétaire excessif au regard des avantages qui peuvent en être espérés[3]. »

À plusieurs reprises, le ministre, qui s'évertuera par la suite à prouver sa volonté de réduire les déficits publics, doit croiser le fer avec son administration. Lors du sauvetage, en 2018, des Chantiers de l'Atlantique ou, en 2019, de l'aciérie Ascoval, le ministre est forcé de déployer des trésors de conviction pour vaincre les réticences des personnalités aussi chevronnées que le directeur général de l'Agence des participations de l'État, celui des Entreprises ou de la Législation fiscale. « À l'économie et aux Finances, comme dans toutes les fonctions majeures de l'État, la légitimité grandit avec le temps. Rien ne nuit davantage à leur autorité que la valse incessante, fébrile et maladroite des ministres, tout entiers consacrés à la progression de leur carrière plutôt qu'à l'efficacité de leurs décisions », affirme Bruno Le Maire, détenteur du record de la longévité à la tête d'un ministère de l'Économie et des Finances. Valéry Giscard d'Estaing, lui, a « tenu » douze ans mais pas d'affilée…

Le 15 mars 2019, lors d'une visite d'une usine d'Arcelor Mittal à Grande-Synthe, le directeur demande au ministre de ne pas toucher aux avantages fiscaux liés à l'énergie. « Sinon nous sommes morts ! » prévient-il. Le directeur de la Législation fiscale, lui, cherche, au contraire, à vendre l'idée qu'il y a là une source de plusieurs centaines de millions d'économie. Il se voit opposer un refus poli mais ferme de Bruno Le Maire. « En 2019, la direction du Budget veillait au grain et exigeait d'une main de fer des contreparties à la moindre dépense nouvelle, désormais elle a enfilé un gant de velours, écrit un an plus tard, Bruno Le Maire. Elle dépense à tout-va, pour la bonne exécution de la relance. »

Mais pour l'administration de Bercy, le mobile n'est pas toujours la défense des équilibres budgétaires. Ce peut être aussi la sauvegarde d'un périmètre, d'une aire de pouvoir, comme lorsqu'elle a tenté de contrecarrer une opération tendant à configurer un grand pôle financier public. Dès 2018, la Caisse des dépôts et consignations et La Poste jettent les bases de ce nouveau véhicule par lequel la Caisse des dépôts, en échange avec La Poste de 40 % de l'assureur CNP, prendrait le contrôle majoritaire de La Poste et de la Banque postale. Fait rarissime dans ce type d'initiative remettant en cause les contrôles majoritaires de grandes entreprises, Éric Lombard, directeur général de la Caisse des dépôts, et Philippe Wahl, son homologue à La Poste, sont parfaitement alignés. Pour La Poste, c'est l'assurance d'un renflouement de ses fonds propres sans appel à l'État. Pour la Caisse des dépôts, la consécration d'un vaste groupe au service de l'intérêt général. « Sans ce contrôle exclusif, nous ne pouvions pas organiser les missions respectives de la Banque des territoires, de La Banque postale, de Bpifrance, la Banque publique d'investissement, parce qu'au regard du droit de la concurrence, ces établissements auraient été concurrents », justifiait Éric Lombard. Assurés du soutien d'Emmanuel Macron, les deux hommes n'ont pas eu grand mal à convaincre Bruno Le Maire qui, à l'issue de deux réunions, adopte le projet. Plusieurs organisations syndicales se rallient également aux arguments des deux directeurs généraux et du ministre.

En revanche, si Bruno Le Maire donne son accord, le ministère, lui, ne considère pas ce projet d'un œil aussi bienveillant. Cette obstruction, Éric Lombard s'en rappelle. « À chaque étape du processus, jusqu'à la signature finale, nous nous sommes heurtés à une forte défiance de l'administration, à l'Agence des participations de l'État (APE). Sur le fond, notre opération contrevenait à la doctrine de l'Agence, qui avait défini les actifs dont l'État devait garder le contrôle, et qui devaient se limiter aux participations dans les industries de défense et, surtout, dans les grands services publics : EDF, la SNCF et La Poste. » L'APE livre bataille jusque dans le bureau du ministre avec, en main, des schémas de gouvernance « plus abracadabrantesques les uns que les autres », selon Éric Lombard.

L'affrontement avec l'administration atteint son paroxysme lors de l'examen de l'opération par l'Autorité des marchés financiers (AMF) qui demande à l'ensemble des parties prenantes de reconfigurer leur dossier. C'est finalement Bruno Le Maire qui met fin à cette guerre larvée. « Le ministre a pris personnellement la responsabilité de conduire, dans son bureau, les deux réunions essentielles qui ont permis cette opération en faisant, avec calme, acte d'autorité face à son administration », se réjouit, aujourd'hui, le directeur général de la Caisse.

Cependant, pour mener à bien l'opération, une modification de la loi était nécessaire. Philippe Wahl et Éric Lombard « démarchent » alors les parlementaires de la majorité et de l'opposition pour leur expliquer et les convaincre du bien-fondé stratégique et économique de l'opération. Le politique, exécutif et législatif, a mis au pas l'administration.

Mais, parfois, l'administration, forte de sa réputation de crédibilité et de loyauté, est têtue et ne recule devant rien. En 2020, Bruno Le Maire, convaincu par Éric Lombard, décide d'élargir les champs d'utilisation de l'épargne dite populaire des Français, c'est-à-dire des centaines de milliards d'euros placés sur les livrets réglementés tels que les livrets A et autres livrets défiscalisés, réservés jusque-là au financement du logement social. Cet objectif est d'autant plus opportun qu'à la sortie du Covid, personne ne peut jurer du redémarrage de l'économie et, qu'en outre, faute de pouvoir consommer pendant la pandémie, les Français ont « surépargné ».

« Il fallait qu'une volonté politique se manifeste », plaide alors le patron de la Caisse des dépôts. Comme le président américain Joe Biden, il souhaite débloquer des prêts de façon plus massive afin de rénover des ouvrages d'art et des infrastructures, réparer les réseaux d'adduction d'eau, verdir le parc HLM…

Mais, après le quoi qu'il en coûte du Covid, Bercy hésite à promouvoir une seconde vague keynésienne, même axée sur les investissements, qui déséquilibrerait, selon elle, les finances publiques. Soutenu par l'Élysée, Éric Lombard n'a pourtant pas trop de difficultés à convaincre Bruno Le Maire de la spirale vertueuse (investissements, emploi, demande, croissance, rentrées fiscales…) d'une telle politique. Il suffit d'un rendez-vous dans le bureau du ministre pour que celui-ci donne son accord. La machine gouvernementale et administrative se met alors en route. Et la Direction générale du Trésor est sollicitée pour mettre en musique la partition gouvernementale.

« Un mois et demi après, le directeur de cabinet du ministre m'appelle, se souvient Éric Lombard. "Éric, je comprends que vous vous êtes mis d'accord avec le Trésor." Je lui réponds : "Non, je ne crois pas." Un projet de courrier, présenté comme ayant reçu l'accord de la Caisse, était sur son bureau. Il me l'a transmis. » Sidération du directeur général. Ce projet de lettre ne correspondait pas du tout à ce qu'avait décidé le ministre… et lui-même ! Contrairement à ce qu'avaient souhaité le ministre et le patron de la Caisse, ce projet n'ouvrait pas droit à un usage plus large de l'épargne des Français. Éric Lombard le fait savoir au dircab de Bruno Le Maire qui, ignorant les conclusions du ministre et du directeur général, a prêté foi au projet de la direction du Trésor.

Celle-ci, diplomatiquement réprimandée par le cabinet de Bruno Le Maire, a dû corriger sa copie, revenue très vite sur le bureau du ministre, conforme à sa décision. « En dépit des réticences d'une administration malthusienne, nous avons obtenu de nouvelles autorisations à hauteur de 12 milliards d'euros pour prêter davantage et à des conditions intéressantes au secteur public local et aux acteurs chargés de la construction de logements de fonction pour ceux qui sont en première ligne, le personnel médical, les policiers, les gendarmes ou encore les pompiers », se réjouit ostensiblement Éric Lombard.

Le second quinquennat d'Emmanuel Macron s'ouvre dans un contexte plus difficile. Et les tensions entre l'exécutif et Bercy, même souterraines, ont été particulièrement aiguës. « Le poids de Bercy est encore plus fort de nos jours qu'auparavant car notre endettement a doublé depuis les années 1990 », soupire un ministre du gouvernement Bayrou. Au début de l'année 2025, la dette publique a en effet atteint plus de 3 300 milliards d'euros, soit près de 114 % du PIB. Un record ! « Toutes les décisions sont pesées au trébuchet de Bercy, explique le ministre. Je ne critique pas les gens du Trésor car ils font leur boulot et heureusement car sinon, plus personne ne se préoccuperait des équilibres financiers. Mais quand la direction du Budget décide, il n'y a pas de retour possible. »

Pourtant, l'administration de Bercy, comme l'ensemble de la classe politique et même les organisations syndicales et patronales, a dû faire preuve de réalisme et prouver son sens du compromis. Tout en appelant à plus de rigueur, elle a « laissé faire » les différents gouvernements, Borne, Attal, Barnier et Bayrou qui ont essayé, comme ils le pouvaient, de résoudre une équation budgétaire quasi impossible.

Pour 2026, les économies souhaitées par Éric Lombard et Roland Lescure à 40 milliards d'euros seront probablement bien moindres. La mesure n'a rien d'une tronçonneuse, donc. Comme le note Bruno Cautrès : « Haro sur les fonctionnaires ? Je serais plus nuancé. Haro sur les impôts, oui. Mais dans le débat public, peu de politiques le proposent aussi catégoriquement. On n'est plus dans les années 1980, celles du libéralisme de Balladur fondé sur les privatisations et inspiré par Reagan,

Thatcher et l'École de Chicago. [...] Tout le monde est d'accord pour dire que l'emploi public n'a plus vocation à grossir, même au sein du PS. Mais de là à dire que tous les problèmes viennent d'un État trop fort, non. »

Chapitre 5

Une prochaine présidentielle sous tension

La sécurité nationale et internationale, l'immigration, le pouvoir d'achat, le chômage et les inégalités, les Français, comme tous les citoyens des pays développés, sont accoutumés à les trouver au cœur des débats électoraux. Mais que les électeurs et les candidats s'approprient des questions aussi techniques et technocratiques que les déficits publics, l'endettement et les taux d'intérêt des emprunts d'État, voilà qui est plus insolite. Et pourtant !

« Il est évident qu'avec un déficit et un endettement qui ne cessent de croître, le thème du périmètre de l'État sera l'un de ceux de la prochaine présidentielle : le poids de l'État, son efficacité, sa vocation à s'occuper de toutes les missions considérées jusqu'ici comme étant de service public », prévient Bruno Cautrès.

Dans des pays de culture libérale comme les États-Unis ou la Grande-Bretagne, ces débats ne sont pas nouveaux. Mais en France, pays monarchiste et jacobin, la messe semblait dite et chacun pouvait aller en paix. Tous les Français étaient sûrs d'être protégés par le programme socio-chrétien démocrate du Conseil national de la Résistance puis par celui de la République gaullienne, césariste, planificatrice et participative, l'un et l'autre ont été repris aussi bien par la droite, la gauche ou les macronistes, aux commandes depuis près d'un demi-siècle.

Mais de LFI au RN et à Reconquête !, la place de l'État dans la vie quotidienne des Français est devenue un thème électoral, mieux, un objet politique qui déterminera en grande partie les choix des électeurs dans les mois à venir. Ce défi, les candidats ne pourront pas l'ignorer. Avec quelles chances de l'emporter ? « J'imagine mal le pays confier les rênes à un candidat qui prône plus d'État et plus d'impôt. Sauf si la droite exagère et fait peur, ce sera plus compliqué pour un candidat de gauche dans le contexte de déficit public », assure Bruno Cautrès.

Les Insoumis ignorent la tronçonneuse

L'endettement, les déficits publics, le rôle de l'État, LFI ne les élude pourtant pas. Loin de là ! Jean-Luc Mélenchon et ses lieutenants en font même une des lignes de clivage avec le centre et la droite et même une ligne de friction avec son frère ennemi, le PS. C'est dans les critères de Maastricht (limite à 3 % du PIB des déficits publics et à 60 % pour la dette) que les Insoumis veulent tronçonner, en faisant ainsi un pas vers un Frexit, mot que les équipes de Jean-Luc Mélenchon ne veulent pas formuler clairement. Éric Coquerel, le médiatique président de la Commission des finances de l'Assemblée, développe, en revanche, cette thèse, à longueur de débats et de déclarations au point d'en avoir fait un livre au titre explicite, *Lâchez-nous la dette*[1] *!* L'ouvrage ne laisse aucun doute sur la politique économique que mènerait son parti une fois au pouvoir. Avec le député de Seine-Saint-Denis à Bercy ? « Pourquoi pas ? » se contente-t-on de glisser dans son entourage au Palais-Bourbon. Refus des contraintes « austéritaires » du pacte budgétaire européen, abrogation de la retraite à 64 ans et des réformes de l'assurance-chômage adoptées pendant la présidence d'Emmanuel Macron, hausse du Smic et du point d'indice des fonctionnaires… LFI ne connaît pas la tronçonneuse ! D'un côté, une envolée des dépenses publiques de quelque 50 à 60 milliards d'euros assumée par les Insoumis mais aussi par leurs alliés du NFP constitué à la veille des législatives de juin 2024 qui ont suivi la dissolution. Et de l'autre, des hausses d'impôt destinées à reprendre les « cadeaux fiscaux » faits aux plus riches comme le rétablissement de l'ISF ou la fin de la *flat tax* limitant à 30 % les impôts sur les dividendes et les plus-values mobilières. Cette dynamique fiscale « turbo » explique qu'en dépit du nombre de députés réunis sous la bannière du NFP, supérieur à celui des autres groupes de l'Assemblée nationale, Emmanuel Macron se soit refusé à nommer un Premier ministre issu des rangs de l'alliance de gauche, en l'occurrence Lucie Castets, haute fonctionnaire à la mairie de Paris. Pourtant, quel que soit le jugement que l'on porte sur un tel programme, il reste le plus abouti à gauche, le PS étant pris dans ses querelles intestines entre socialisme et social-démocratie.

Jusqu'aux prises de position pour le moins ambiguës de LFI sur les massacres du 7 octobre en Israël, la gauche radicale était dominante à gauche, notamment à l'Assemblée nationale et grâce, en 2017 et en 2022, à Jean-Luc Mélenchon auréolé par ses scores aux deux présidentielles. Cette puissance politique s'est accompagnée d'un approfondissement idéologique, en intégrant l'écologie et en recrutant de jeunes personnalités rompues non seulement à la dialectique marxiste (et trotskiste) mais aussi à la complexité de l'économie mondialisée et aux chausse-trappes des comptes publics.

Manuel Bompard, qui a succédé à son mentor Jean-Luc Mélenchon à la tête de LFI comme coordinateur et comme député de Marseille, est diplômé de l'Institut polytechnique de Grenoble et docteur en mathématiques ; Aurélie Trouvé, députée de Seine-Saint-Denis, est ingénieure en agronomie et l'une des meilleures expertes des politiques européennes agricoles. Quant à la députée du Val-de-Marne, Clémence Guetté, l'une des figures montantes de LFI, potentiellement en lice pour Matignon si LFI l'emportait aux prochaines présidentielles ou législatives, elle copréside avec Jean-Luc Mélenchon, l'institut La-Boétie, un *think tank* dont les sujets économiques, financiers et bien sûr politiques irrigueront la plateforme électorale des Insoumis dans les mois à venir.

Surtout, forts de leurs 71 députés (auxquels il faut ajouter 6 eurodéputés), les Insoumis se sont forgé une compétence « technique » et universelle, des finances à la diplomatie, qui leur permet, pour beaucoup, de rivaliser avec n'importe quel élu de droite, de gauche ou du centre. L'eurodéputée Manon Aubry a siégé au sein de la commission du développement du Parlement de Strasbourg, de celle des affaires économiques et monétaires et de la sous-commission à l'évasion fiscale. Elle est membre depuis 2024 de la commission du commerce international. Éric Coquerel préside la prestigieuse commission des finances, Manuel Bompard siège à la commission de la défense nationale et Mathilde Panot, la présidente du groupe, à celle des affaires étrangères. Autant de « grands argentiers » possibles…

Que feraient de Bercy les Insoumis et Jean-Luc Mélenchon si les Français leur faisaient confiance ? « Probablement pas un Bercy superpuissant comme du temps de Bruno Le Maire et même d'Éric Lombard », souffle un élu LFI. Pas question pour Jean-Luc Mélenchon, à l'Élysée, d'accepter que ses pouvoirs, son pouvoir, soient entamés par un ministre « régnant », surtout s'il est en charge de l'économie et des finances. À gauche, on connaît la puissance des chiffres et l'importance des rapports de force économiques et sociaux dans la vie d'une nation. En revanche, on évoque dans les rangs du parti d'extrême gauche la création d'un ministère de la « Justice fiscale » Si les Insoumis, dans leur projet de VIe République, fustigent le pouvoir hors norme du président de la République, leur opposition à un méga-ministère de l'Économie et des Finances prouve, en tout cas, que leur priorité, c'est la « volonté du politique » sur le déterminisme des chiffres.

Après leur congrès d'avril 2025 qui a reconduit Marine Tondelier à leur tête, les Écologistes ont fait leur choix : en prônant le « refus des gauches irréconciliables », ils se sont un peu plus éloignés de l'écologie réaliste et de gouvernement incarnée par Yannick Jadot, leur candidat à la présidentielle de 2022, pour se rapprocher de LFI et se raccrocher à leur alliance électorale…

Le PS hésite entre impôts et dépenses

Au pouvoir il y a encore moins de dix ans, les socialistes ne manquent ni d'élus à la culture de gouvernement chevillée au corps, ni de hauts fonctionnaires au sens aigu du service public. Le plus éminent est, bien sûr, le président François Hollande, réélu député de Corrèze en juillet 2024, à la faveur de la dissolution et profitant de la dynamique électorale du NFP pourtant dominé par les troupes de son ennemi de trente ans, Jean-Luc Mélenchon. Plusieurs députés et sénateurs socialistes ont été également ministres ou membres éminents de cabinets entre 2012 et 2017. Pourtant, relégués dans l'opposition sous les quinquennats Macron, ces socialistes « de gouvernement », accusés de « social-libéralisme » voire qualifiés de « socio-traîtres » par la gauche radicale en raison de la « politique de l'offre » mise en œuvre sous François Hollande (par le biais du Cice et du pacte de responsabilité), ont préféré s'aligner sur les thèses des Insoumis.

Impossible, dans ce contexte, de prévoir ce que serait un gouvernement socialiste. « Est-ce que le parti penchera vers une gauche qui préférera augmenter les impôts plutôt que sabrer dans les dépenses ?

Renouera-t-il, malgré ses alliances successives avec les mélenchonistes au sein de la Nupes puis du NFP, avec sa culture de gouvernement ? Tentera-t-il, au moins, de freiner la dégradation des comptes publics en limitant les dépenses ? Aucun d'entre nous ne peut le dire », s'étouffe un sénateur proche de François Hollande. Le PS, malgré les frondeurs et les ambitions de Jean-Luc Mélenchon, était encore dominant lorsque François Hollande était à l'Élysée. Il est devenu, en huit ans, un parti de grands édiles locaux et territoriaux, réduit à la portion congrue à l'Assemblée nationale et au Sénat. Sans leadership ni ligne politique. Même après le congrès de Nancy, le PS reste tiraillé entre les socio-démocrates et son aile gauche plus « redistributive », entre ceux qui s'opposent à toute alliance avec les Insoumis et ceux qui ne sont pas contre, entre les pro-Olivier Faure et ses opposants. Parmi ceux-là, François Hollande dont les prétentions élyséennes restent intactes. L'ancien président de la République pourra compter sur le soutien du maire de Saint-Ouen, Karim Bouamrane, du maire de Rouen, Nicolas Mayer-Rossignol, et de sa collègue de Vaulx-en-Velin, Hélène Geoffroy, de Patrick Kanner, le président des sénateurs socialistes, de Carole Delga, la présidente de l'Occitanie, de la maire de Paris, Anne Hidalgo, des députés Philippe Brun, Jérôme Guedj, et peut-être de Boris Vallaud qui s'est imaginé en trait d'union entre tous ces courants, ces stratégies politiques, ces visions du monde… L'engagement du PS à ne pas censurer le gouvernement Lecornu II en échange de la suspension de la réforme des retraites de 2023 augure-t-elle du retour d'un socialisme de gouvernement ? Tant que le parti d'Olivier Faure dépendra de son alliance électorale avec LFI, sa mue en un socialisme responsable et son poids sur l'échiquier resteront fragiles.

Pour colorer un peu plus le tableau socialiste, quelques « outsiders » anti-Insoumis sont décidés à y apporter leur touche comme Raphaël Glucksmann, le leader de Place publique, dopé par son succès aux européennes de juin 2024 ou Bernard Cazeneuve, sûr de sa légitimité en tant que dernier Premier ministre de François Hollande, qui sillonne la France et se positionne en recours pour 2027. Autre électron libre à gauche : François Ruffin. Le député de la Somme, qui a rompu avec LFI, estime que, face au RN, en 2027, « une candidature commune à gauche ne relève pas du souhait mais de la nécessité ». Il se verrait bien grand timonier de cette gauche unie…

Philippe, Attal, Darmanin… en même temps

Et le centre ? Ce « marais » a été réduit à une variable d'ajustement tant que le rythme de la vie politique française était scandé par un bipartisme portant au pouvoir soit les gaullistes, soit les socialistes. Grâce à Emmanuel Macron, il a été propulsé dans les hauts lieux du pouvoir, Élysée, Matignon, Bercy, Assemblée nationale avant d'être de nouveau fragilisé depuis la dissolution, coincé et contraint par deux puissants partis populistes, LFI à gauche, le RN à droite… Ce centre essaie, tant bien que mal, de s'organiser. « Nous tentons de faire rimer rigueur financière et progrès social », soupire un député macroniste de Paris. « La tronçonneuse ne fait pas partie de la boîte à outils du centre, confirme un de ses collègues du Modem. Si tronçonneuse il y avait, ses dents seraient bien arrondies. »

Dimanche 6 avril 2025, Cité du cinéma à Saint-Denis. François Bayrou, Édouard Philippe et le sénateur Hervé Marseille ont répondu présent à l'invitation d'un autre ex-Premier ministre, Gabriel Attal. Le secrétaire général de Renaissance, dernier surgeon de La République en Marche, est le chef d'orchestre d'un grand meeting qui prend vite des accents de (pré-)campagne présidentielle. Quelque 8 000 militants acclament leur leader de 36 ans par des « Attal président ! Attal président ! » ne laissant aucun doute sur les intentions, exprimées à demi-mot, de leur porte-drapeau.

Ce macroniste de la première heure semble revenu d'un macronisme pur sucre depuis qu'en juin 2025, son ancien « maître à penser » a décidé, sans le consulter, de dissoudre l'Assemblée nationale. Pourtant, à deux ans de la présidentielle, le député des Hauts-de-Seine hésite encore à se dévoiler officiellement. Sa ligne politique, elle aussi, tâtonne. « Il n'a pas d'idées », a glissé Emmanuel Macron à François Bayrou lorsqu'Attal était à Matignon. Gabriel Attal est écartelé. D'un côté, sa terre nourricière macroniste, le dépassement du clivage gauche-droite, de l'autre, le désir sinon la nécessité de couper le cordon, en proclamant des positions plus claires et plus tranchées sur le régalien, l'immigration, l'ordre et l'autorité. Ce positionnement est symbolisé par l'interdiction de l'*abaya* à l'école, décrétée pendant les quelques mois qu'il a passés à la tête de l'Éducation nationale.

Édouard Philippe, bien qu'aux côtés de Gabriel Attal ce dimanche 6 avril, est un rival potentiel. Car l'ancien locataire de Matignon, lui, a déjà dévoilé ses batteries, toutes tournées vers l'Élysée. Soigné de son alopécie, il figure parmi les politiques favoris des Français. Si Horizons, le parti qu'il a fondé fin 2021, n'a pas la puissance de frappe de Renaissance, Édouard Philippe a cependant les moyens politiques et financiers de ses ambitions, grâce à un groupe à l'Assemblée nationale et au Sénat, à la conquête de 14 communes de plus de 30 000 habitants et de 500 communes au total. Sans parler du ralliement de certains grands responsables locaux issus des Républicains, comme la très libérale Christelle Morançais. Cette force sur le terrain, Édouard Philippe l'a enrichie d'une « bande de copains » de haute volée, comme Nathalie Loiseau, eurodéputée, Pierre-Yves Bournazel, conseiller de Paris en lice pour 2026 et, bien sûr, son ami de trente ans, coauteur de plusieurs ouvrages, le député européen Gilles Boyer. Édouard Philippe évolue, comme Gabriel Attal, sur une ligne de crête délicate, celle de s'affirmer « loyal mais libre » à l'égard d'Emmanuel Macron, dont il a souhaité le départ à l'automne 2025, mais aussi vis-à-vis de « l'arc central », un peu trop étroit à son goût, et qu'il verrait bien s'étirer de la droite conservatrice à la social-démocratie. Cette singularité, il l'a manifestée, à l'été 2024, à l'occasion d'un « dîner cordial » mais ô combien polémique avec Marine Le Pen. Cette prise de distance avec le centre l'a poussé vers une droite désinhibée en prônant le retour des peines planchers ou la renégociation des accords de 1968 sur la circulation des ressortissants algériens en France. Première marche vers sa conquête de l'Élysée, Édouard Philippe devra remporter une nouvelle fois la mairie du Havre, en 2026. Avec un obstacle sur sa route : l'enquête du parquet national financier pour « prise illégale d'intérêt, détournement de fonds publics, favoritisme et harcèlement moral ».

Pour ce redéploiement vers la droite, l'ex-locataire de Matignon a un autre atout dans sa manche, le soutien de Gérald Darmanin. Même si ce ministre sarkozyste est plus ou moins sur la ligne de départ dans la course à l'Élysée (« il en a envie », confiait-il en avril 2024) il s'est mis, selon son entourage, « en réserve d'Édouard Philippe ».

Au centre, d'autres prétendants pourraient sortir de leur silence. L'ancienne Première ministre Élisabeth Borne, la présidente de l'Assemblée nationale Yaël Braun-Pivet et pourquoi pas Jean Castex... Quant à Bruno Le Maire, 56 ans, parti dans le secteur privé après un sas de décompression comme professeur à Lausanne, il tente de conserver son capital politique en laissant de son long passage à Bercy le souvenir le plus positif possible. Car son passif, d'autres se chargent de le lester, à l'image des conclusions acidulées de la commission d'enquête parlementaire sur les finances publiques ou de celles de la Cour des comptes. Une véritable gageure pour celui dont le surnom, « Monsieur 1 000 milliards », le stigmatise comme seul responsable de l'accroissement de la dette publique pendant son « septennat » à Bercy ;

un défi politique pour celui qui a qualifié de « cloportes » les conseillers à l'origine de la dissolution décidée par le chef de l'État… Lorsqu'il régnait depuis le « grand Bercy », tutoyant les grands de ce monde, ses anciens collègues du gouvernement ne l'épargnaient pas. « Le problème de Bruno, c'est qu'il ne pourra pas être candidat en 2027 parce qu'il aura déjà effectué deux mandats dans sa tête », faisait circuler, malicieusement, Gérald Darmanin.

Quel pourrait être le « programme commun » de cet attelage centriste ? Presque tous ces leaders partagent la même préoccupation, le « péril budgétaire », selon la formule d'Édouard Philippe. Mais cette préoccupation ne tourne pas à l'obsession. « J'ai dû faire face à l'hypocrisie totale de la classe politique qui ne cesse de réclamer des économies mais ne dit jamais où, comment ou quand… Tant que la classe politique ne prendra pas ses responsabilités sur les finances publiques, nous n'aurons pas les résultats que les Français sont en droit d'attendre », a lancé Bruno Le Maire après avoir pris connaissance du rapport de la commission parlementaire sur les comptes publics.

Édouard Philippe a répondu aux crises des Gilets jaunes puis du Covid par un « quoi qu'il en coûte » dispendieux. Certes, ce fils spirituel d'Alain Juppé est revenu aux « fondamentaux » de la droite libérale, notamment à l'ordre dans les finances publiques. Mais l'ancien hôte de Matignon poussera-t-il la logique jusqu'à s'attaquer, de nouveau, au système de retraite, foyer essentiel du gouffre financier ? Osera-t-il proposer, alors que la réforme de 2023 a été suspendue, un âge de départ à 67 ans comme il l'a suggéré lorsqu'il était Premier ministre ? « La ligne d'Édouard Philippe sera de respecter les engagements européens de la France. Si Bruxelles se montre souple, comme elle l'a montré avec l'exclusion des crédits de la défense des critères de Maastricht depuis la menace de désengagement militaire de Donald Trump, alors Édouard saura se montrer souple lui aussi », insiste un proche.

Ministre des Comptes publics entre 2022 et 2023, Gabriel Attal a fait de la transparence dans l'utilisation par l'État de l'argent des Français un de ses chevaux de bataille contre la démagogie de l'extrême droite. Une fois à Matignon, Gabriel Attal qui, en janvier 2024, a succédé à Jean Castex et à Élisabeth Borne, s'est attelé à reprendre les rênes d'un budget incontrôlé. Depuis, le travail de redressement des comptes est resté la clé de voûte de tout le travail gouvernemental. Mais pas à n'importe quel prix…

« Ce qui est certain, c'est que le dénominateur commun de ce centre dilaté de la gauche à la droite est la défense de la valeur travail. Un champ d'action très sarkozien qui englobe aussi bien une demande de reconnaissance de la part des travailleurs qu'une revendication de pouvoir d'achat », estime un député macroniste. Cette réflexion est nourrie par de nombreux économistes et intellectuels dont Antoine Foucher, auteur de *Sortir du travail qui ne paie plus*[2]. Cet ancien directeur général adjoint du Medef (2015-2016) devenu directeur de cabinet de Muriel Pénicaud, ministre du Travail entre 2017 et 2020, a été sollicité par la plupart des formations du centre. Selon lui, « non seulement le travail ne permet plus de changer de niveau de vie mais il n'est plus le principal facteur à l'origine de la richesse des gens. En revanche, le patrimoine et l'héritage augmentent et c'est sur eux que le mode de financement de la protection sociale doit être refondé ». Pour celui qui dirige désormais le cabinet de conseil Quintet, « la ligne de fracture est moins entre capital et travail qu'entre travailleurs et non-travailleurs, au sens de ceux qui gagnent leur argent autrement qu'en travaillant : rentiers, héritiers les plus chanceux, retraités aisés. Ce que je préconise, insiste l'économiste, c'est de rendre aux travailleurs – salariés, indépendants et fonctionnaires – 100 milliards d'euros sur cinq ans, ce qui conduirait à une augmentation de salaire de 30 % pour la majorité des gens ».

Mais où trouver ces 100 milliards d'euros ? « Il ne s'agit pas de remettre en cause notre modèle social, explique Antoine Foucher. Mieux vaut solliciter les revenus qui ne proviennent pas du travail : rentiers, retraités les plus aisés et héritiers les plus chanceux. C'est aussi un enjeu géopolitique : souvenons-nous que jamais dans l'histoire une nation qui a privilégié la rente et la naissance au mérite et au travail n'a maintenu son rang dans le monde. » Rien ne laisse donc présager, si une personnalité du centre accédait à l'Élysée, un passage à la tronçonneuse des dépenses publiques ou la suppression massive de postes de fonctionnaires. Même si les programmes électoraux n'en sont qu'au stade de l'esquisse, c'est encore par la fusion de dizaines d'agences ou d'opérateurs d'État qu'Édouard Philippe, Gabriel Attal ou Bruno Le Maire iront chercher les milliards d'euros qui manquent à l'équilibre des comptes publics. Cette quête reste probablement insuffisante au regard de l'Himalaya de l'endettement et qui s'accompagnera sûrement de hausses d'impôt et de cotisations, dissimulées derrière le faux nez de la suppression de « niches fiscales ». La seule réforme de fond plusieurs fois envisagée par le centre macroniste serait de ponctionner, d'une façon ou d'une autre, les retraités. Désindexation des pensions ou fin de l'abattement des 10 % pour frais professionnels pour les retraités les plus aisés… Ce principe dont les modalités d'application divisent se heurte à la force de frappe électorale des plus de 64 ans…

Retailleau, Wauquiez, Lisnard, les tronçonneurs

« Qu'est-ce que va faire la droite ? interroge le chercheur Bruno Cautrès. Va-t-elle réinvestir le thème libéral "trop d'État, trop d'impôt" ou se tourner vers une version plus soft ? » Tout dépendra, semble-t-il, de la place que cette droite occupera dans la hiérarchie des lieux de pouvoir de la Ve République. Dans l'opposition ? Dans ce cas, elle pourra en appeler à un ordre inconditionnel dans les finances publiques. À la tâche, au sein de l'exécutif ? Alors l'ordre politique et social l'emportera.

Mars 2024. « Nous avançons en terrain miné. Soit vous redressez la barre, soit vous quittez le navire. » Cet ultimatum, c'est Bruno Retailleau, alors président du groupe LR au Sénat, opposant de la politique macroniste, qui le lance au gouvernement Attal. Le Premier ministre, qui vient d'annoncer un dérapage budgétaire des plus inquiétants, a déclenché l'ire du patron de la principale formation sénatoriale doublée de la menace d'une motion de censure. Finalement, l'épée de Damoclès ne tombera pas. C'est la dissolution qui mettra fin aux « jours gouvernementaux » du Premier ministre.

Novembre 2024. Propulsé place Beauvau comme ministre de l'Intérieur, passé de l'opposition à l'action gouvernementale, Bruno Retailleau change de ton. Auditionné par la Commission parlementaire chargée d'un audit sur le futur budget 2025, l'ancien bras droit de François Fillon qui, en 2007 déjà, disait « être à la tête d'un État en faillite », opte pour la nuance et avance avec prudence. « Il faut faire des économies, bien sûr, concède Bruno Retailleau. Mais, ajoute celui qui défend avant tout ses missions et son ministère, un budget n'est pas seulement un choix comptable et technique, c'est un choix politique. Il ne faut pas sacrifier l'urgence sécuritaire à l'urgence budgétaire. » Bruno Retailleau martèle : « Ce serait démocratiquement discutable et économiquement préjudiciable. » Une ligne responsable endossée par Laurent Wauquiez pour assurer la stabilité du gouvernement Lecornu II, alors que Bruno Retailleau, sorti de Beauvau, renâcle face à la suspension de la réforme des retraites de 2023.

« Des économies, bien sûr », une litote toute politique à laquelle, quelques mois plus tard, Bruno Retailleau, toujours à la tête de Beauvau, donne une consistance très relative. « Il faut que l'État se serre la ceinture », déclare-t-il, en avril 2025, au micro de BFM. Comment ? Non pas par la suppression des 500 000 fonctionnaires qu'évoquait, en 2017, François Fillon. Pas d'augmentation d'impôt non plus, ni des cotisations sociales, pas plus sur les actifs que sur les retraités. En revanche, la mise en œuvre d'une ligne devenue un mantra pour la classe politique, des économies au sein des 80 milliards d'euros de dépenses publiques générées par les « agences et opérateurs d'État ». Ceux qui, dans l'opinion, savent vraiment ce qu'est un « opérateur d'État » se comptent sur les doigts de quelques mains. Ce qu'ils devinent, en revanche, c'est que même pour la droite la plus libérale et la plus rigoriste, tout continuera plus ou moins comme avant.

Bruno Retailleau, dont la notoriété et la cote de popularité s'étaient renforcées lorsqu'il était ministre, est désormais à la tête des Républicains. Dans la course à l'Élysée, l'ancien élu de Vendée conservera-t-il ses brasses d'avance sur Laurent Wauquiez et ses autres compétiteurs à droite ? Sur quel programme ? La sécurité, la laïcité et la lutte contre l'immigration illégale. Quant au champ budgétaire ? « Retailleau à l'Élysée ne choisira pas un Musk à Bercy, confie un sénateur LR. Quelle que soit la tonalité de sa campagne, une fois au sommet il évitera l'empoignade sociale. »

En revanche, Laurent Wauquiez, qui n'abandonne pas tout espoir au seuil de la présidentielle, prépare une feuille de route plus lourde en termes de coupes budgétaires. Mais pour le député de Haute-Loire, absent d'un gouvernement depuis 2012, ce sont l'assistanat et les associations « pro-migrants et clandestins », dont la puissante France terre d'asile, qui sont dans la ligne de mire.

La tronçonneuse s'annonce plus aiguisée du côté de David Lisnard. Lui aussi en lice pour l'Élysée, le maire LR de Cannes et président de la très influente Association des maires de France (AMF) propose des coupes drastiques : 600 000 postes administratifs de trop, une dose de retraite par capitalisation, la privatisation « de tout ce qui peut l'être », « l'ouverture de la concurrence à tout-va ». David Lisnard prévoit des réactions sociales en série mais ne les craint pas : « Nous supprimerons les allocations non contributives et nous diminuerons les charges qui pèsent sur les entreprises. Cela donnera du pouvoir d'achat net aux salariés », explique-t-on dans l'entourage de David Lisnard que certains verraient bien à Bercy si Bruno Retailleau entrait à l'Élysée.

Les rangs des prétendants à droite s'étofferont, peut-être, de personnalités de poids. Comme Xavier Bertrand, le président des Hauts-de-France, héraut d'une droite sociale. Ou Valérie Pécresse, son homologue pour l'Île-de-France. Un temps séduite par les arguments d'Elon Musk, elle a grandi sous l'aile de Jacques Chirac avant d'œuvrer à Bercy pendant la présidence Sarkozy. Elle y a appris, notamment, que dans toute niche fiscale, c'est un chien qui aboie avant de mordre et qu'un ministre ne coupe jamais dans des dépenses fiscales, impunément.

Le Pen et Bardella visent l'immigration

Même affaiblis par la possible élimination de Marine Le Pen de la course à l'Élysée, le RN et ses alliés, menés par Éric Ciotti, restent en tête des intentions de vote pour 2027, avec, selon les sondages, un socle de 30 % des voix au premier tour de la présidentielle.

Quels seraient les choix de Marine Le Pen ou de Jordan Bardella si les Français leur accordaient leur confiance ? L'équation s'annonce compliquée. Parti populiste – volontiers anti-bureaucratie et anti-impôts –, mais en même temps populaire, le RN doit s'adresser aux CSP + pour briser ce plafond de verre qui l'empêche de l'emporter au second tour de l'élection mère de la Ve République. Pourra-t-il, à la fois, sauvegarder les services publics dont les classes moyennes et défavorisées ont le plus besoin et, en tant que formation « responsable », trancher dans les dépenses publiques ? Sur le plan international, la proximité du RN avec Donald Trump fait aussi débat. Si son nationalisme fait l'unanimité au sein du parti, ses positions vis-à-vis de la Russie suscitent de l'embarras et les conséquences de ses choix commerciaux sur le tissu économique français provoquent une distance voire un rejet.

« Le RN est écartelé, souligne Bruno Cautrès. Ses fondamentaux, sa clientèle d'artisans, de commerçants jugent la pression fiscale intolérable. Mais sa composante populaire lui interdit d'épouser un discours trop libéral. » Sa seule issue, c'est de « taper sur l'immigration. » Au menu du Plan Matignon, remis sur le métier depuis l'échec relatif du RN aux législatives de juillet 2024, figurent en bonne place la taxation des rachats d'actions pour lutter contre « les dérives du capitalisme financier », la diminution de la contribution de la France à l'Union européenne et aussi et surtout, la réduction des crédits budgétaires en faveur des étrangers, notamment l'aide médicale d'État (AME), l'aide au développement et les aides aux étudiants étrangers. Si les régions, les communautés de communes et les opérateurs d'État sont également sollicités, pas ou très peu d'efforts sont demandés aux fonctionnaires, sauf ceux qui, en arrêt maladie, se verraient alors infliger un délai de carence plus long.

Ce virage libéral que le RN est contraint de négocier pour accéder au pouvoir, c'est Jordan Bardella qui l'incarne. Marine Le Pen est plus attachée à ces catégories populaires qui ont fait son succès et lui ont permis d'engranger plusieurs victoires depuis 2017. C'est en raison de ce « handicap » que la cheffe des députés RN, à l'automne 2023, s'est affichée en compagnie d'Henri Proglio, chez Laurent, un restaurant des Champs-Élysées. Cet homme d'influence a présidé aux destinées d'EDF entre 2009 et 2014. Il fait partie de ces grands patrons à l'image de Xavier Niel ou de Vincent Bolloré que les pontes du RN veulent séduire. « Il faut que nous changions notre image et renforcions notre crédibilité auprès des milieux économiques et patronaux », explique un député RN de la banlieue parisienne.

Pour le moment, les portes de la « grande entreprise » restent fermées. Mais Jordan Bardella s'escrime à les déverrouiller. Bien qu'elle s'en défende, Sophie de Menthon a été qualifiée par *L'Express* d'« entremetteuse de l'extrême droite ». En tout cas, la présidente du mouvement patronal Ethic multiplie les rencontres et les déjeuners pour que RN et patrons se connaissent mieux et, pourquoi pas, s'apprécient. Le nouveau livre publié par Jordan Bardella à l'automne est une « ode à la France qui travaille », un refrain qui résonne agréablement aux oreilles et à l'intelligence des chefs d'entreprise, petits et grands. Il est vrai que les cercles de réflexion et d'influence sur lesquels s'appuie le RN ont évolué. Le but : adapter le corpus théorique de la formation à la flamme à ses nouvelles ambitions électorales. Face aux théories europhobes et protectionnistes du temps de Florian Philippot, face aux positions souverainistes incarnées par Jean-Philippe Tanguy, c'est désormais la ligne libérale de la « Versailles connection » qui prend le dessus au sein du parti. Si ce renversement d'alliances sert les intérêts des « capitaines d'industrie », c'est au détriment des électeurs traditionnels et plus populaires du RN.

Ces Versaillais, tenants d'une droite radicale, sont tous issus de grandes écoles, s'assument comme des catholiques convaincus et s'affirment résolument « pro-business ». Tous sont proches de Marine Le Pen mais s'apprêtent, sans ambages, à soutenir Jordan Bardella au cas où… Les têtes d'affiche de cette génération de la relève ? Renaud Labaye, HEC, saint-cyrien et secrétaire général du groupe à l'Assemblée nationale, Ambroise de Rancourt, ancien pianiste professionnel, énarque et chargé de rédiger le programme de la prochaine présidentielle, et François Durvye, polytechnicien et gestionnaire du fonds d'investissement de l'entrepreneur ultraconservateur Pierre-Edouard Stérin. Leur ligne économique ? À l'opposé de celle de Marine Le Pen en 2017 et même en 2022, le maintien de la *flat tax* qui plafonne les impôts sur le capital, pas de retour de l'ISF, un allégement massif des droits de succession et la suppression des impôts de production… « Un libéralisme débridé » pour les proches de Jean-Philippe Tanguy, toujours prompt à rappeler ses racines gaullistes. Le député de la Somme, un temps pressenti pour diriger Bercy si le RN accédait à la magistrature suprême, s'est peu à peu démonétisé.

D'ailleurs, trait commun entre les deux formations situées aux extrêmes de l'échiquier politique, pas de « grand Bercy » pour le RN comme pour LFI mais trois « petits » Bercy. Si Jordan Bardella était élu président, c'est un ministère des Finances et des Comptes publics qui verrait le jour, aux côtés d'un ministère « chargé de la croissance », et d'un troisième en charge « de la fiscalité et de la fraude ».

Pressenti pour ce portefeuille ? Franck Allisio. Cet ancien sarkozyste, député des Bouches-du-Rhône, a rejoint le RN en 2015. C'est lui qui, le plus souvent, accompagne Jordan Bardella lors des déjeuners avec des patrons auxquels le chef du parti se rend de plus en plus fréquemment. Membre de la commission des Finances, Franck Allisio a l'expertise nécessaire pour siéger à Bercy. Mais il a été épinglé par la chambre régionale des comptes pour avoir omis de déclarer l'emploi par la région Paca de deux de ses collaborateurs parlementaires.

Ciotti, « une thérapie de choc »

Éric Ciotti, principale « prise de guerre » de Marine Le Pen après la dissolution de juillet 2024, occuperait une place de choix au cas où l'extrême droite arriverait au pouvoir. Cité autant pour Matignon que pour Beauvau, les Armées ou le Quai d'Orsay, le député des Alpes-Maritimes fait également partie des favoris pour Bercy. Il faut dire que son programme pour

« simplifier », « libérer » et « relever » la France a le mérite de la clarté. « Lui, comme ses proches de l'UDR, biberonnés au lait des LR, incarnerait une crédibilité en matière économique et financière qui fait, encore, défaut au RN », souligne un sénateur centriste. Contrairement au RN, Éric Ciotti prône une thérapie de choc.

Paris, 21 janvier 2025, dans une salle chauffée à blanc, le député de Nice agite sans vergogne une tronçonneuse propre à réaliser « 600 milliards d'économies sur un quinquennat ». « Sous Javier Milei, en Argentine, clame Éric Ciotti, nous avons assisté à une réduction de 30 % des dépenses publiques, à une division par deux du nombre de ministères, et avec un résultat quasi instantané : une croissance de presque 5 % en 2024. » La « thérapie de choc » de Ciotti, s'articule autour de trois volets : « simplifier l'appareil de l'État, réformer l'organisation territoriale et supprimer les freins à la croissance ».

Parmi les trente mesures proposées pour ce « choc de simplification » figure d'abord, pour l'État, une réduction drastique du nombre de ministères, porté à dix, et la suppression de nombreuses structures inutiles, selon lui, comme les agences régionales de santé (ARS) ou l'Arcom (Autorité de régulation de la communication audiovisuelle et numérique), « qui interfère avec la liberté des médias ». À l'échelle des territoires, l'UDR propose de supprimer les régions et les départements et leurs coûteuses structures administratives pour les remplacer par cinquante provinces avec, à leur tête, une administration unique. Et pour « libérer l'économie et les entreprises », Ciotti préconise « une réduction de 25 % des 400 000 normes qui freinent l'activité des entreprises ». L'ambition d'Éric Ciotti et de son jeune parti est d'insuffler en France ce « vent de liberté qui souffle partout dans le monde, de l'Italie jusqu'aux États-Unis en passant par l'Argentine ».

Ces modèles, le couple Zemmour-Knafo, les deux fondateurs de Reconquête !, ne les reniera pas. Présents à Washington le jour de l'intronisation de Donald Trump, l'essayiste et l'énarque ont négocié un virage dans leur communication, avec l'Élysée comme horizon pour Éric Zemmour et Paris pour Sarah Knafo. L'un et l'autre préfèrent désormais mettre l'accent sur les thèmes économiques plutôt que sur les questions identitaires. Ils espèrent ainsi faire valoir leur expertise et leur supériorité en matière de dette et de finances publiques par rapport à celles, supposées, du RN. Ex-magistrate à la Cour des comptes, Sarah Knafo, qui travaille sur la souveraineté numérique au Parlement européen, s'est saisie à pleines mains de la tronçonneuse importée de Buenos Aires et de Washington, avec en ligne de mire France Travail ou les aides en faveur de l'enseignement et de la culture liées à l'islam. « Pour l'instant, la thématique de la tronçonneuse qui est très nettement populiste est surtout utilisée, en France, par des personnalités en mal de notoriété, estime Philippe Moreau-Chevrolet, expert en affaires publiques et enseignant à Sciences Po. Mais, je pense que dans quelques mois, cette thématique sera fortement reprise. D'autant plus qu'elle coïncide avec le désir du patronat français. »

Les patrons, au seuil de la politique

Peut-on s'attendre à une vraie montée en puissance politique du patronat en France ? « Certainement, affirme Philippe Moreau-Chevrolet. Le patronat n'a jamais été aussi influent. À mon avis, nous sommes à un pas de voir le patronat entrer directement dans cette sphère politique. On en a eu quelques prodromes avec Bernard Tapie. Aujourd'hui, il faut scruter de près ce que vont faire des patrons proches de l'extrême droite comme Pierre-Édouard Stérin ou Vincent Bolloré. »

Le groupe Bolloré, actionnaire du groupe Vivendi, a mis en place une force de frappe idéologique impressionnante grâce à la mutualisation des contenus et des signatures d'Europe 1, de CNews, ou du JDD. Sur CNews, l'animateur Pascal Praud ne cesse de porter au pinacle le pouvoir de Donald Trump et d'établir des convergences avec l'état de la société française. « Les combats de Trump sont largement partagés par la société française qui majoritairement penche à droite. Hélas ! Si Trump fédère tous les courants de la droite classique, entre libéralisme et conservatisme, personne en France ne rallie toutes les droites », a-t-il déploré au lendemain de l'élection du président américain. La fermeture de la chaîne C8, en février 2025, après le non-renouvellement de la fréquence de cette chaîne détenue par Vincent Bolloré, a suscité une levée de boucliers de l'extrême droite et d'une partie des caciques de LR. Tous ont dénoncé la « censure » des autorités alors que son animateur phare, Cyril Hanouna, a écopé de 35 sanctions dues aux nombreux incidents et dérapages survenus lorsqu'il était à l'antenne. Cyril Hanouna qu'une rumeur voyait concourir pour l'Élysée en 2027…

Même si la France n'est pas l'Amérique, si Vincent Bolloré n'est pas Jeff Bezos, propriétaire du *Washington Post*, ou Patrick Soon-Shiong, propriétaire du *Los Angeles Times*, l'évolution, ces derniers mois, de ces médias prestigieux outre-Atlantique interroge.

Depuis l'achat du *Washington Post* en 2013, Jeff Bezos a proclamé son soutien à l'indépendance journalistique. Pourtant son veto, lors de la dernière campagne pour la Maison-Blanche, à l'encontre d'une recommandation de Kamala Harris éveille des doutes. En intervenant pour s'opposer à la décision de son comité éditorial, Bezos envoie un message clair : le *Post* doit désormais s'aligner sur ses intérêts politiques et économiques. Comment ne pas redouter que la concentration entre quelques mains du pouvoir financier, conjuguée à l'influence politique, ne conduise à une forme d'oligarchie ?

Signe des temps ? Selon une enquête du laboratoire d'études de l'opinion, Cluster 17, publiée en avril 2025 et réalisée en collaboration avec The Arcane et la fondation Jean-Jaurès, à la question de savoir qui a le plus de pouvoir entre Bernard Arnault et Emmanuel Macron, la réponse des Français est sans appel : 55 % pour l'homme le plus riche de France, 27 % pour le président de la République. « Ce résultat traduit le sentiment d'impuissance associé aux responsables politiques », estime le politologue Jean-Yves Dormagen.

Les rapports entre les patrons et la politique se sont étoffés ces dernières années. « Les précurseurs ont été Michel-Édouard Leclerc qui s'est construit un personnage public pour mener trois combats, estime Philippe Moreau-Chevrolet. Celui sur le prix de l'essence qu'il a gagné, le combat contre le prix unique du livre qu'il a perdu et celui de la parapharmacie qu'il a partiellement remporté. Tous ces combats ont été menés au nom de la démocratisation du pouvoir d'achat des consommateurs. C'était une démarche politique, qu'il continue à mener aujourd'hui. Ensuite, il y a eu Xavier Niel qui, dans une optique plus marketing, a mené les mêmes combats dans les télécommunications, au nom de la liberté, avec son groupe Free, et au service des gens qui n'avaient pas les moyens. »

Autre montée en puissance plus discrète que celle de Michel-Édouard Leclerc : celle de la grande distribution. « Il y a une prise de pouvoir qui est passée inaperçue, insiste Philippe Moreau-Chevrolet, c'est celle d'Alexandre Bompard, le patron de Carrefour qui, avec ses anciens rivaux d'Intermarché et de Système U, a été élu président de la Fédération du commerce et de la distribution (FCD). Ils ont embauché comme porte-parole une ancienne cadre de SOS Racisme et ils ont monté une vraie machine de guerre au profit du secteur. » « On est capable désormais d'envoyer un de nos représentants tous les jours et dès la matinale sur tous les plateaux télé et radio pour défendre nos intérêts », confie un des membres de la FCD. La nomination de Serge Papin n'est peut-être pas qu'un simple débauchage individuel.

Dans une enquête Harris-Interactive publiée mi-avril 2025, Michel-Édouard Leclerc arrive en première place des personnalités de la société civile concernant le potentiel électoral. Interrogé par France Info, sur un engagement en politique, il répond : « Pourquoi pas, mais je me sens plus utile sur le terrain », avant de détailler : « J'ai envie de me battre dans la société française. Participer au débat public, ça peut être de différentes manières, ce n'est pas forcément être candidat à quelque chose mais ça peut être aussi d'accompagner des candidats, des forces politiques. »

Mais aujourd'hui, c'est au tour des milliardaires de prendre la parole et le pouvoir. « On le voit à la façon dont ils reconfigurent le centre des villes, avec la fondation Vuitton de Bernard Arnault, à Neuilly, ou la Bourse de commerce de François Pinault à Paris et à Venise, détaille Philippe Moreau-Chevrolet. C'est de la communication monumentale comme pouvaient le faire des présidents à l'instar de François Mitterrand avec la Très Grande Bibliothèque ou de Jacques Chirac avec le musée du Quai-Branly. Il s'agit, de la part de ces milliardaires, d'une prise de pouvoir politique. Ils ne sont pas encore entrés dans des campagnes politiques mais ce sera l'étape suivante. Il y aurait alors un vrai risque de voir apparaître un candidat populiste patronal. »

Cette perspective fait débat. « Les États-Unis et la France ne se sont pas bâtis sur le même modèle sociétal, estime Jean-Claude Beaujour. Aux États-Unis, il y a une tradition de proximité entre le monde des affaires et les gouvernements fédéraux et locaux. Le bon État est celui qui est le plus distant de la vie quotidienne des Américains. Ce n'est pas le cas en France. Je ne pense pas qu'il puisse y avoir une aussi grande proximité entre les présidents et les hommes d'affaires. »

Quant à l'émergence d'un Elon Musk en France… « Je ne suis pas sûr qu'un phénomène Musk soit réplicable en France, estime Bruno Cautrès. Il n'y a pas d'entrepreneurs comme lui qui puisse conjuguer génie, folie et argent. Notre modèle de production des élites est centré sur les grandes écoles, HEC, ENA, X, Normale sup, écoles d'ingénieurs, Grands Corps… Ce n'est pas le garage où Steve Jobs a bidouillé son premier ordinateur ! Chez nous, on est plutôt sur le modèle grand serviteur de l'État, même une fois passé dans le privé. Dans la galerie du patronat français, il n'y a personne qui ait le pouvoir disruptif d'un Musk, totalement hors norme. »

Conclusion

La lente dérive du pouvoir

« Une fureur à la Donald Trump ! » Tel était le constat du *New York Times* quelques jours après le meeting organisé par le RN, le 6 avril 2025, place Vauban, près des Invalides à Paris. Marine Le Pen, tout juste condamnée pour détournement de fonds publics, venait d'apprendre qu'elle était inéligible jusqu'à son procès en appel. L'avenir de la triple candidate à la présidentielle est obscurci. « Chasse aux sorcières », « justice politisée », victimisation… En ce samedi ensoleillé, la cheffe de file du RN convoque toute la rhétorique du leader populiste américain.

Pourtant, contrairement à Jordan Bardella, son dauphin mué en « plan B », la députée du Pas-de-Calais veut garder ses distances avec le milliardaire. Marine Le Pen a probablement raison. Car, malgré ses autocongratulations, le bilan du locataire de la Maison-Blanche est loin d'être brillant. Chute des marchés boursiers, envolée des prix, contraction du commerce international, croissance à la peine… Même « le couple de l'année » que Trump a formé avec son haut conseiller Elon Musk a disparu. Le Doge, qui devait réaliser 2 000 milliards de dollars d'économies est si loin de ses objectifs que Donald Trump a mis un terme à la mission qu'il lui avait confiée.

Des centaines d'agents fédéraux mis à la porte par les brigades de Musk ont dû être rappelés par le gouvernement américain pour que des secteurs vitaux comme la santé, l'éducation ou le nucléaire, continuent de fonctionner. Des conflits d'intérêts se sont multipliés. De nombreux procès sont en cours pour contester la légalité des mesures mises en œuvre par le Doge. Et si la tronçonneuse de Musk était en plastique ?

Pourtant, malgré ce bilan en demi-teinte, l'influence de Trump et de son « ministre » apparaît comme déterminante dans le monde et sur la vie politique française. « Le vrai danger, souligne le constitutionnaliste Benjamin Morel, c'est une dérive illibérale car l'État de droit est fragile. Les institutions de la Vᵉ République ne protègent pas contre ces dérives. Elle est même la moins protectrice des Constitutions. L'article 16 donne les pleins pouvoirs au président de la République. Qui dit que Marine Le Pen ou Jordan Bardella ne l'utiliseraient pas une fois au pouvoir ? La menace provient aussi de l'usage du référendum souhaité par les leaders du RN pour réformer la constitution. Avec de telles armes entre les mains, le pire est à craindre. »

Au-delà du RN, toute une partie de la classe politique s'est mise dans les pas de ce populisme, au nom, bien sûr, de l'intérêt bien compris du peuple et des plus modestes. Et tant pis si une partie des valeurs qui ont pavé leur chemin politique est foulée aux pieds. Même drapé dans ses atours de ministre de l'Intérieur, Bruno Retailleau a joué avec des allumettes qui pourraient mettre le feu au socle idéologique d'une famille gaulliste dont il est devenu le « grand chef ». « L'État de droit, ça n'est pas intangible ni sacré, a martelé à plusieurs reprises l'ex-patron de la place Beauvau. C'est un ensemble de règles, une hiérarchie de normes, un contrôle juridictionnel, une séparation des pouvoirs mais la source de l'État de droit, c'est la démocratie, le peuple souverain. » Dans son ouvrage, Bruno Retailleau enfonce le clou et assure que « le libéralisme authentique ne va pas sans un conservatisme assumé[1] ». Dans un autre livre, il dénonce « la liberté absolutisée » et le « règne exclusif des droits individuels »[2].

La « trumpisation » de la droite classique apparaît indubitable. Mais les LR sont, en outre, crédités, d'un avantage par rapport au RN, leur crédibilité en matière économique. « Les succès récents du RN aux élections européennes et législatives pourraient bien n'être que la partie émergée de l'iceberg, explique le politologue Luc Rouban. L'idéologie trumpiste, faite de pouvoir vertical, d'autorité, de libéralisme et de dénonciation des procédures judiciaires s'est étendue au-delà des catégories populaires et touche une grande partie des électorats du centre et de la droite. C'est dans ce cadre que va s'opérer la recomposition des droites dont le RN peut ne pas être le principal bénéficiaire si le centre de gravité du débat passe des questions identitaires et sociétales à des questions économiques et sécuritaires. » Cet expert précise : « Le recentrage sur les missions régaliennes de l'État comme la valorisation de l'entreprise privée supposent en effet des ressources sociales au sein des élites dont le RN est peu doté. Le trumpisme à la française pourrait alors autant bénéficier aux Républicains qu'à Reconquête !, sinon à une forme de convergence politique entre ces deux partis portée par un candidat à la présidentielle de 2027. »

Faut-il s'attendre alors à une brutalisation de la vie politique française sur le modèle américain ? « La contamination trumpiste n'est pas totale, notamment parce que Marine Le Pen n'a pas voulu jouer ce jeu, en se concentrant sur la dédiabolisation et la respectabilité, analysait en avril 2024, sur LCI, le politologue Olivier Rouquan. Si des personnages comme Éric Zemmour et Bruno Retailleau sont les symboles de la polarisation et parfois du populisme, nous n'en sommes pas aux injures, aux attaques personnelles comme le fait Donald Trump. »

Il n'empêche ! Au défi de la gauche radicale, incarnée par Jean-Luc Mélenchon et des « trumpistes » en herbe de droite, un « camp des démocrates » cherche à se constituer. Un bloc qui dénonce, comme Emmanuel Macron, une « internationale réactionnaire ». De Bernard Cazeneuve à Gabriel Attal, d'Édouard Philippe à Dominique de Villepin, de Gérard Larcher à Yaël Braun-Pivet. Les grands acteurs des prochains rendez-vous électoraux sont déjà entrés en scène. La pièce que les uns et les autres devront interpréter est déjà largement écrite hors de nos frontières, de l'autre côté de l'Atlantique et en Europe.

Et Bercy dans tout cela ? En bonne administration française, il continuera sa route, en se pliant aux nouvelles obligations du jour. En France, tout finit par le rappel du passé. Or, la mémoire du ministère de l'Économie et des Finances nous montre une administration qui a toujours su s'adapter aux modes du temps. Républicaine pendant la République, vichyste pendant la Seconde Guerre mondiale, keynésienne dans l'après-guerre avant de se laisser gagner par le colbertisme, le néolibéralisme au gré des flottements des élites françaises. Nul doute que demain, cette forteresse de papier saura s'incliner dans le sens du vent. Quand ils ne peuvent pas faire l'histoire, les administrateurs de notre économie en comprennent fort bien le sens.

Notes

Chapitre 1
Des présidents sous influence

1. Luc Rouban, « Le trumpisme à la française », *Le Baromètre de la confiance politique* / Vague 16, CNRS, INSHS, Sciences Po – CEVIPOF, 2025, p. 1-12.
2. Marc Endeweld, *Le Grand Manipulateur*, Flammarion, 2015.
3. Christian Eckert, *Un ministre ne devrait pas dire ça...*, Robert Laffont, 2018.

Chapitre 2
Les politiques contre l'administration

1. Christian Eckert, *Un ministre ne devrait pas dire ça, op. cit.*
2. Julien Defline, *Le ministre des Finances sous la Ve République, désenchantement d'une toute-puissance*, LGDJ, 2021.
3. Thomas Bronnec, Laurent Fargues, *Bercy, au cœur du pouvoir*, Denoël, 2011.

Chapitre 3
Bercy, un Matignon bis

1. Édouard Philippe, *Impressions et lignes claires*, JC Lattès, 2021.
2. Jean Garrigues, *Élysée contre Matignon, de 1958 à nos jours. Le couple infernal*, Tallandier, 2022.
3. Catherine Nay, *L'Impétueux*, Grasset, 2012.
4. Nicolas Sarkozy, *Le Temps des tempêtes*, L'Observatoire, 2020.
5. Cité par Olivier Beaumont dans *La Tragédie de l'Élysée*, Robert Laffont, 2025.
6. Dominique Leca, *Du ministère des Finances. Entre grandeur et servitude*, Plon, 1966.
7. Julien Defline, *Le Ministre des Finances sous la Ve République* LGDJ, 2021.
8. Camille Pascal, *Scènes de la vie quotidienne à l'Élysée*, Plon, 2012.

Chapitre 4
L'administration, pouvoir ou contre-pouvoir ?

1. Jean-Pierre Jouyet, *L'Envers du décor*, Albin Michel, 2020.
2. Jean Arthuis, *SOS Finances publiques*, Calmann-Lévy, 2011.
3. Bruno Le Maire, *L'Ange et la Bête*, Gallimard, 2021.

Chapitre 5
Une prochaine présidentielle sous tension

1. L'Atelier, 2021.
2. L'Aube, 2024.

Conclusion
La lente dérive du pouvoir

1. Bruno Retailleau, *Ne rien céder*, L'Observatoire, 2025.
2. *Idem*.

Table des matières

Pour plus d'information :
www.lisez.com
Imprimé sur du papier issu de forêts gérées durablement.

Achevé d'imprimer en France chez CPI en octobre 2025
N° d'impression : 186261
P32342/01